AF547106

X-FORCE

SEX + GEWALT

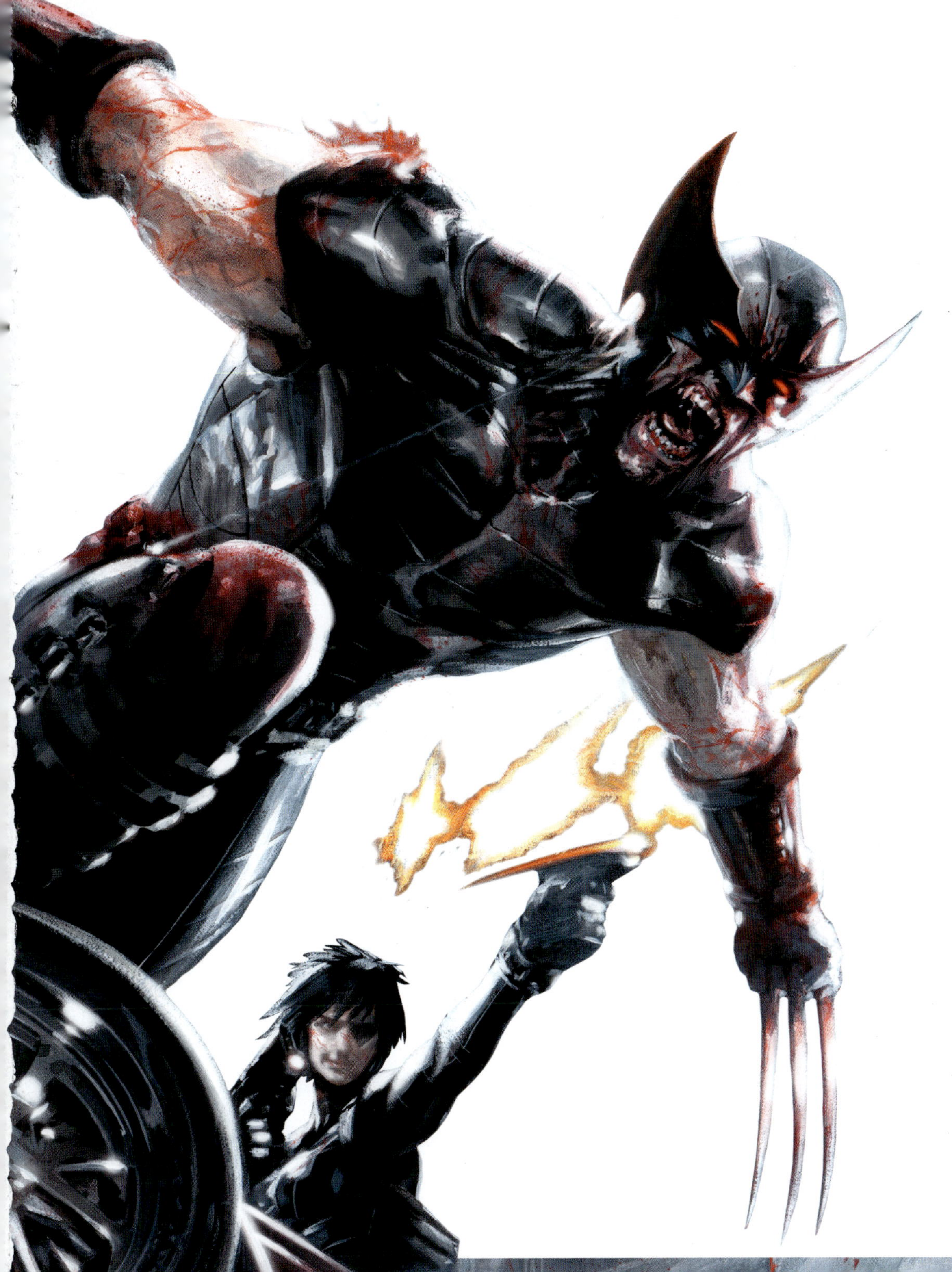

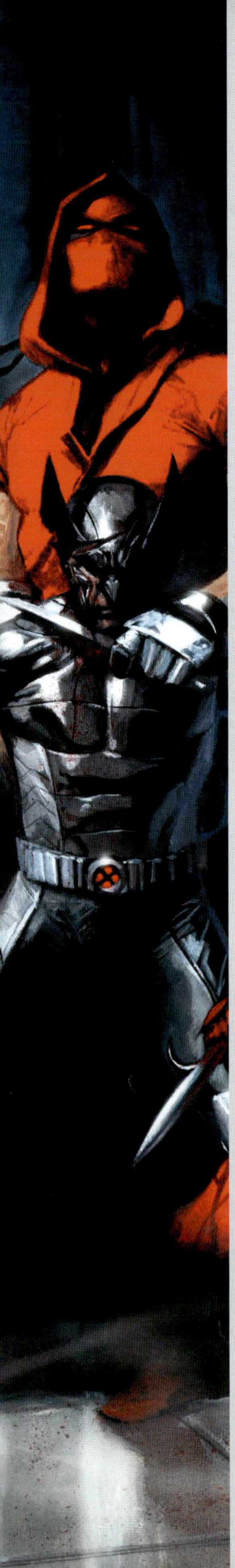

INHALT

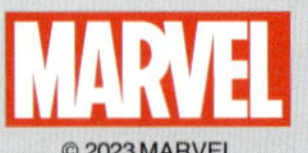
MARVEL

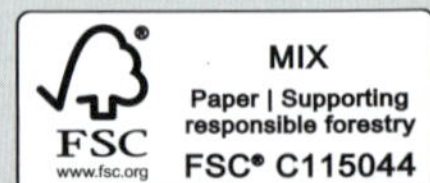
MIX
Paper | Supporting responsible forestry
FSC
www.fsc.org
FSC® C115044

X-FORCE

SEX + GEWALT

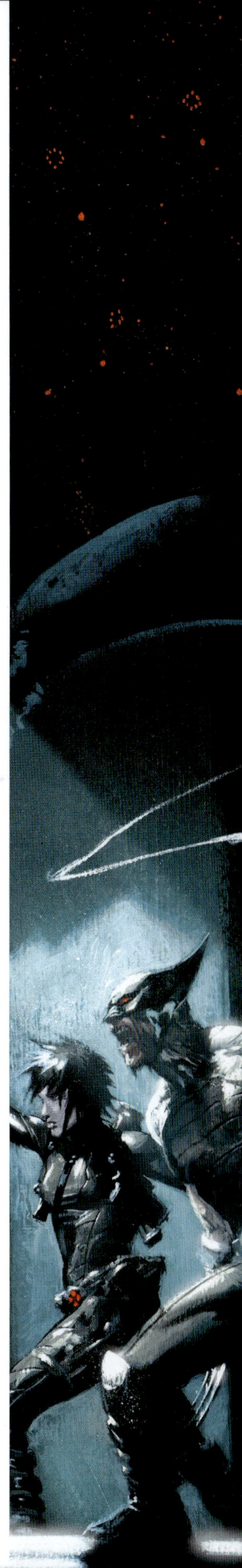

CRAIG KYLE
CHRISTOPHER YOST
STORY

GABRIELE DELL'OTTO
KÜNSTLER

ASTARTE DESIGN
STUDIO RAM
LETTERING

MICHAEL STRITTMATTER
ÜBERSETZUNG

JOHN BARBER
JODY LeHEUP
JEANINE SCHAEFFER
REDAKTION USA

C. B. CEBULSKI
CHEFREDAKTEUR USA

MARVEL MUST-HAVE: X-FORCE – SEX + GEWALT erscheint bei **PANINI COMICS**, Schloßstraße 76, D-70176 Stuttgart. Druck: Lito Terrazzi S.r.l. – Prato. Pressevertrieb: Stella Distribution GmbH, D-22297 Hamburg. Direkt-Abos auf **www.paninicomics.de.** Anzeigenverkauf: BLAUFEUER VERLAGSVERTRETUNGEN GmbH, info@blaufeuer.com. Es gelten die Anzeigenpreise gemäß der Mediadaten 2023. Geschäftsführer **Hermann Paul**, Publishing Director Europe **Marco M. Lupoi**, Finanzen/Logistik **Felix Bauer**, Marketing Director **Holger Wiest**, Marketing **Fabio Cunetto**, Vertrieb **Alexander Bubenheimer**, PR/Presse **Steffen Volkmer**, Publishing Manager **Lisa Pancaldi**, Redaktion **Harald Gantzberg**, **Matthias Korn**, **Anja Seiffert**, **Kristina Starschinski**, **Ilaria Tavoni**, **Daniela Uhlmann**, **Thomas Witzler**, Übersetzung **Bernd Kronsbein**, **Michael Strittmatter**, Proofreading **Pia Oddo**, Lettering **Astarte Design**, **Studio RAM**, grafische Gestaltung **Marco Paroli** (coordinator), **Cinzia Morando**, **Barbara Sarti**, Art Director **Alessandro Gucciardo**, Redaktion Panini Comics **Annalisa Califano**, **Beatrice Doti**, Prepress **Cristina Bedini**, **Daniela Guidetti**, **Andrea Lusoli**, Repro/Packager **Alessandro Nalli** (coordinator), **Anna Boselli**, **Mario Da Rin Zanco**, **Valentina Esposito**, **Luca Ficarelli**, **Linda Leporati**. Deutsche Edition bei Panini Verlags-GmbH unter Lizenz von Marvel Characters B.V. Cover von **Gabriele Dell'Otto**, *X-Force: Sex and Violence* (2010) 3.

Bibliografische Information der Deutschen Nationalbibliothek
Die Deutsche Nationalbibliothek verzeichnet diese Publikation in der Deutschen Nationalbibliografie; detaillierte bibliografische Daten sind im Internet über dnb.d-nb.de abrufbar.

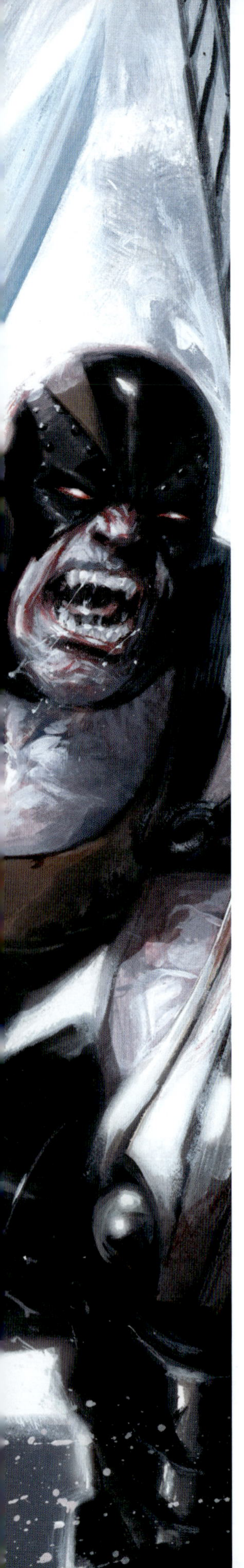

DIE FORCIERTE GEWALTSPIRALE

Als die **New Mutants** 1983 an den Start gingen, rechnete wohl kaum jemand mit dem Echo, das **Charles Xaviers** neues Team hervorrufen würde. Die Teenagertruppe war der erste Ableger der **X-Men**. Unzählige weitere Mutanten-Titel sollten im Lauf der nächsten Jahre folgen und die Machtverhältnisse am Comic-Markt zugunsten der Helden mit dem X-Gen verschieben. Eigentlich hatte sich Autor **Chris Claremont** gegen eine Erweiterung des Franchise ausgesprochen, da er eine Verwässerung des Originals befürchtete. Aber als die ersten Verkaufszahlen eintrudelten, gingen auch ihm die Argumente aus. Aus wirtschaftlicher Sicht hatte Chefredakteur und Marvel-Erneuerer **Jim Shooter** auf ganzer Linie recht behalten. Kurz darauf ließ **Bill Sienkiewicz'** expressiver Zeichenstil den Rest der Kritiker verstummen. Vergleichbares hatte die US-Comic-Kunst noch nie zu Gesicht bekommen. Doch der Höhenflug war nicht von Dauer. Zuerst kehrte Sienkiewicz den „neuen Mutanten" den Rücken, dann Claremont. Hinzu kam, dass sich in den 1980ern auf gesellschaftlicher Ebene ein Umbruch vollzogen hatte. Actionreißer wie *Rambo*, *Aliens*, *Stirb langsam*, *Terminator* oder Dystopien wie *Die Klapperschlange* und *Mad Max II* dominierten die Leinwand. Auf den bunten Seiten hatte sich ebenfalls einiges getan. **Daredevil** kämpfte gegen Massenmörder **Bullseye** und Verbrecherkönig **Kingpin**. Taffe Außenseiter wie **Punisher** hatten sich bis Mitte der 1980er zu Fanlieblingen gemausert. Und auch **Wolverine** war auf dem Weg zum absoluten Superstar.

Claremont-Nachfolgerin **Louise Simonson** lieferte zwar solide Arbeit ab, aber *New Mutants* war für den Zeitgeist zu brav. Das änderte sich 1989, als **Rob Liefeld** an Bord kam. Rasch war das junge Zeichentalent an der Ausarbeitung der Storys beteiligt. Neue Figuren wurden eingeführt, alte aus der Serie geschrieben. Der mysteriöse Söldner **Cable** führte nun die Gruppe an und verwandelte sie in eine Art militärisches Einsatzteam. Der Ton wurde rauer. Unter den Neuzugängen befanden sich unter anderem die animalische **Feral**, der Schwertträger **Shatterstar** und der Apache **Warpath**. Kurz darauf wurde der Titel eingestellt und unter Liefelds Kontrolle als *X-Force* mit einer Verkaufsauflage von rund fünf Millionen neu gestartet – ein Volltreffer, der Geschichte schrieb. Mit Liefelds Abschied versank der Titel jedoch peu à peu wieder in der Bedeutungslosigkeit und wurde nach einer Runderneuerung 2002 aufgegeben. Im Zuge des Events **Messiah Complex** wurde 2007 ein neues **X-Force**-Team gegründet, das 2008 unter der Regie von **Craig Kyle** und **Chris Yost** eine eigene Reihe erhielt. **Clayton Crain** war für die grafische Umsetzung verantwortlich. In der Darstellung von Blut und Gewalt übertraf das kreative Trio die Originalversion bei Weitem. Doch erst als das Ende auch dieser X-Force beschlossen war, durften Kyle und Yost in einer letzten Miniserie für reifere Leser ihrer Fantasie freien Lauf lassen. Für die erotische Komponente sorgten die Protagonisten Wolverine und **Domino**. Bereits 2001 hatte **Grant Morrison** im *New X-Men Annual* 1 die spezielle Anziehung zwischen der offenherzigen **Neena** und dem notorischen Schwerenöter **Logan** ebenso frech wie plausibel thematisiert. Nun durften endlich auch im Bett – ganz offiziell – die Fetzen fliegen.

Thomas Witzler

SEX + GEWALT, KAPITEL 1

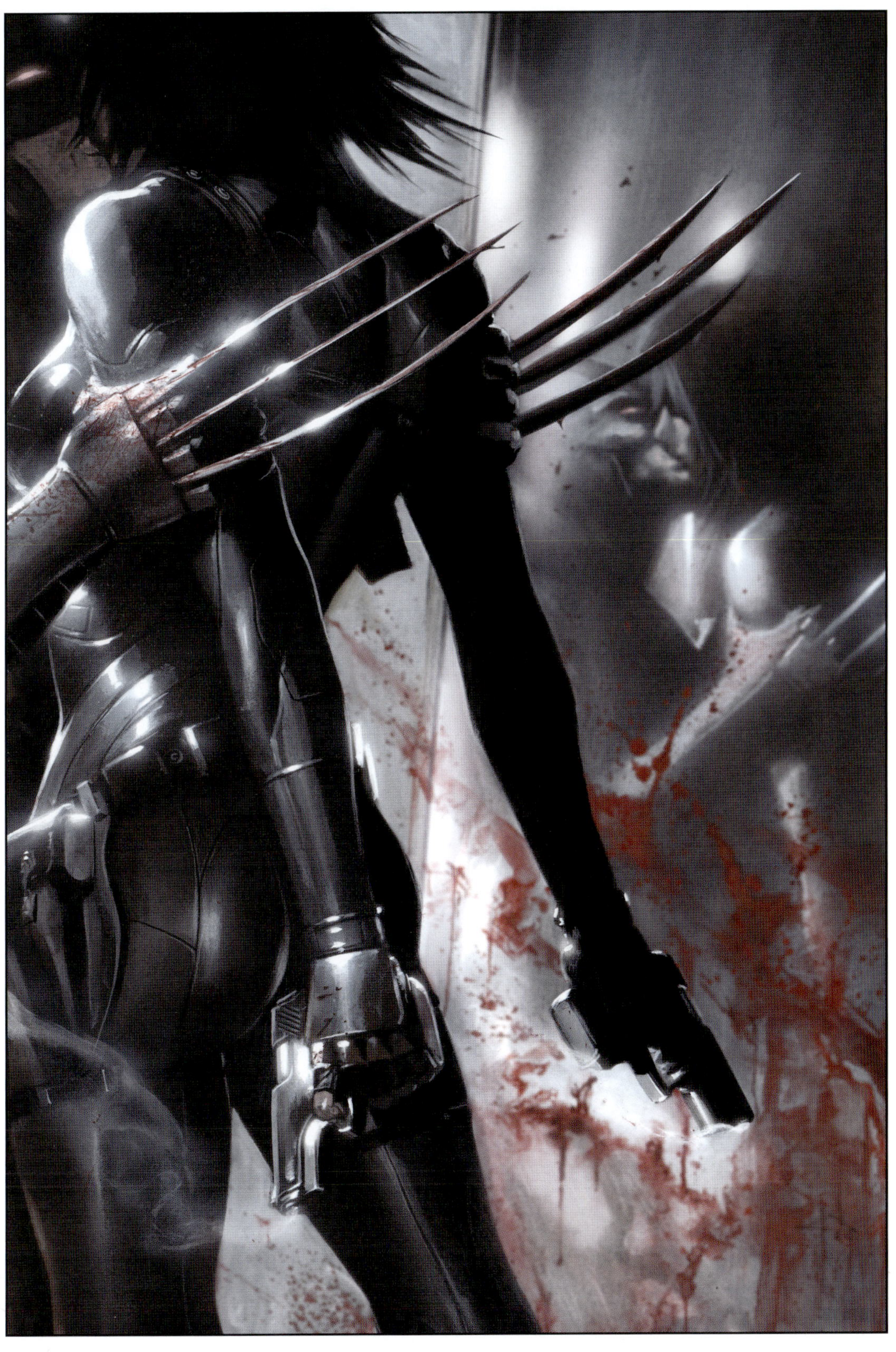

X-Force: Sex and Violence (2010) 1
Cover von **GABRIELE DELL'OTTO**

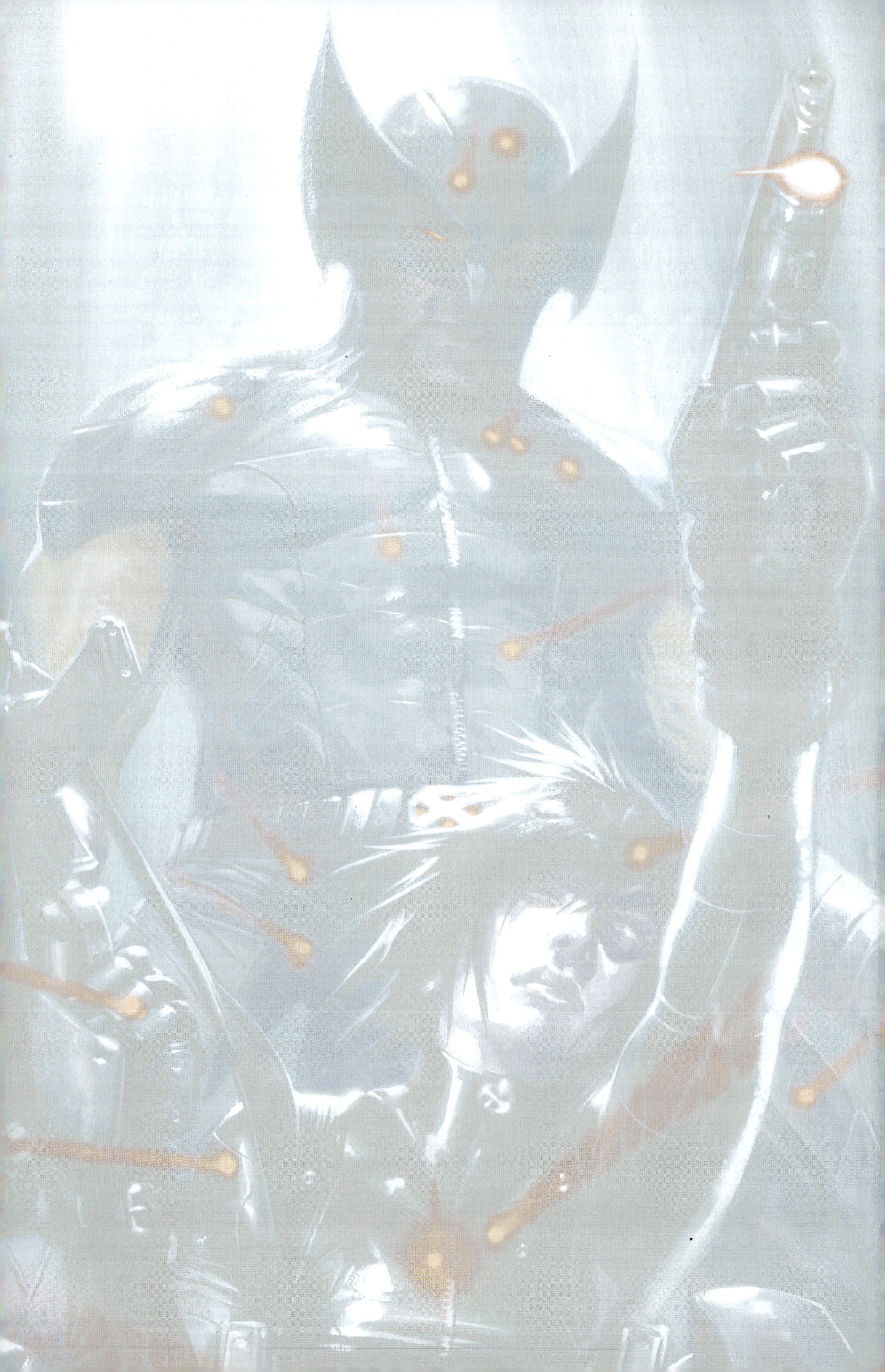

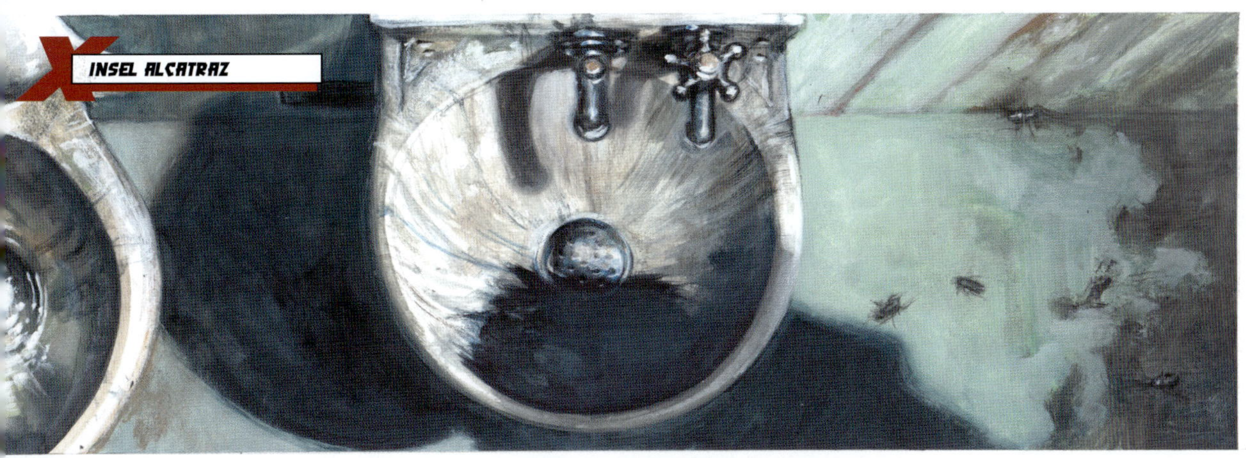
INSEL ALCATRAZ

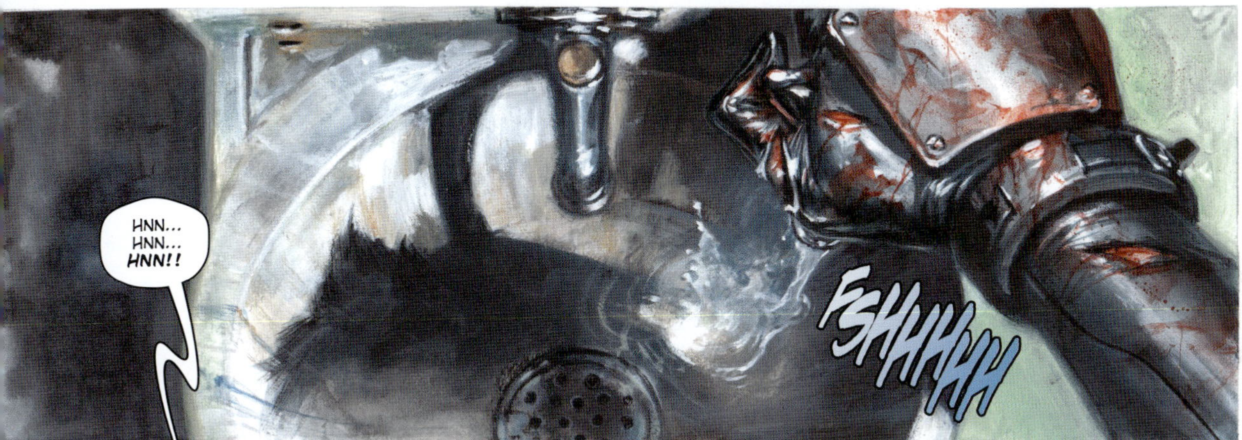
HNN...
HNN...
HNN!!
FSHHHHH

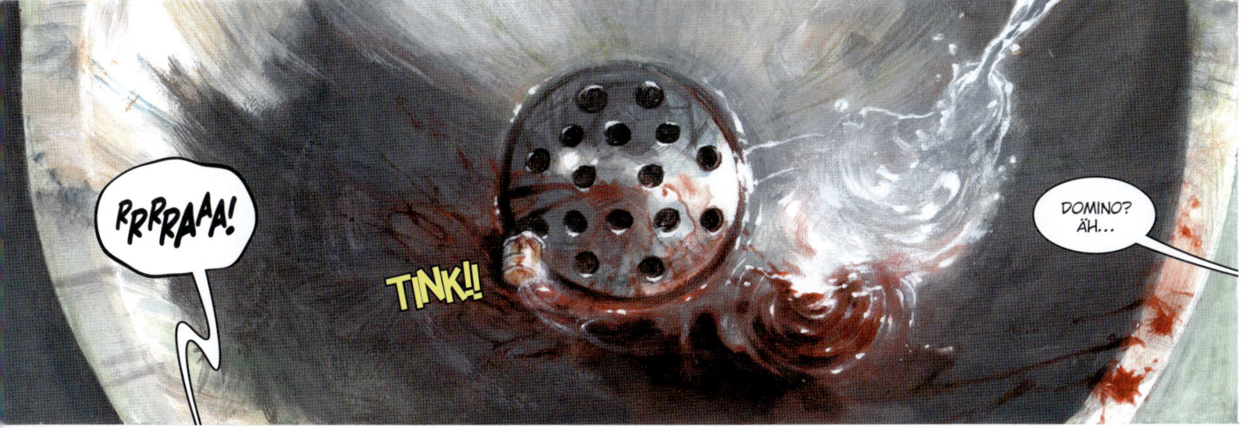
RRRRAAA!
TINK!!
DOMINO?
ÄH...

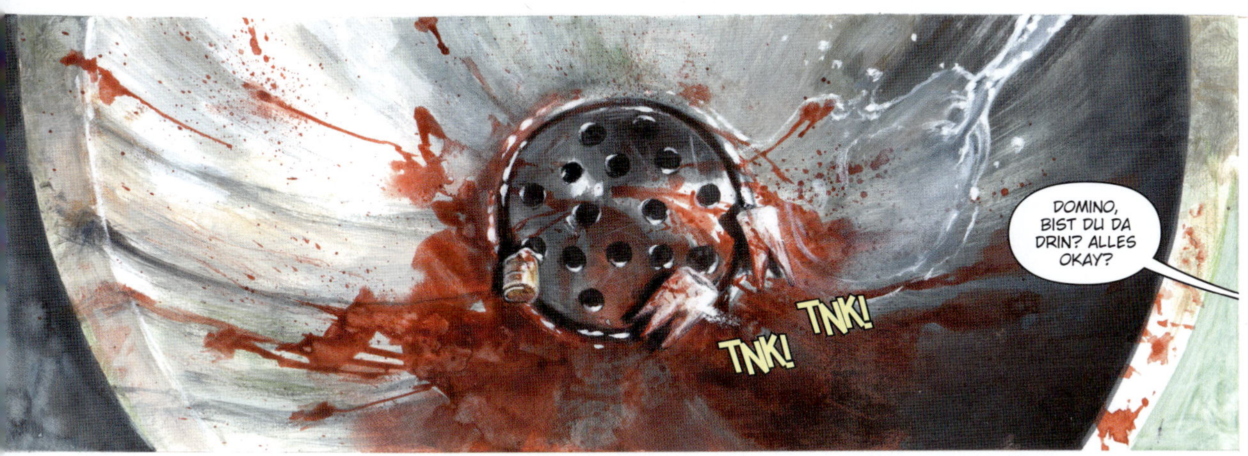
DOMINO,
BIST DU DA
DRIN? ALLES
OKAY?
TNK!
TNK!

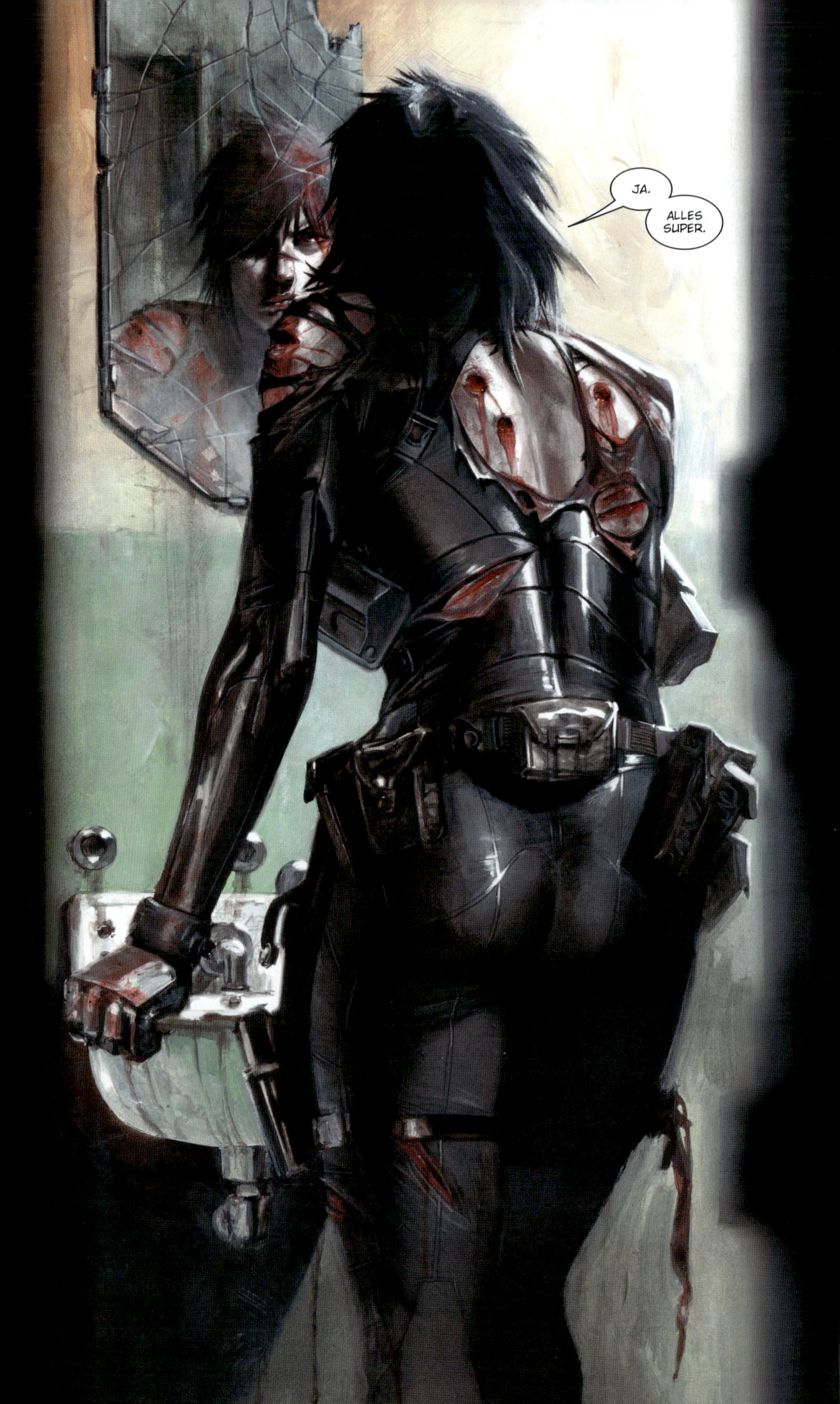
JA.
ALLES SUPER.

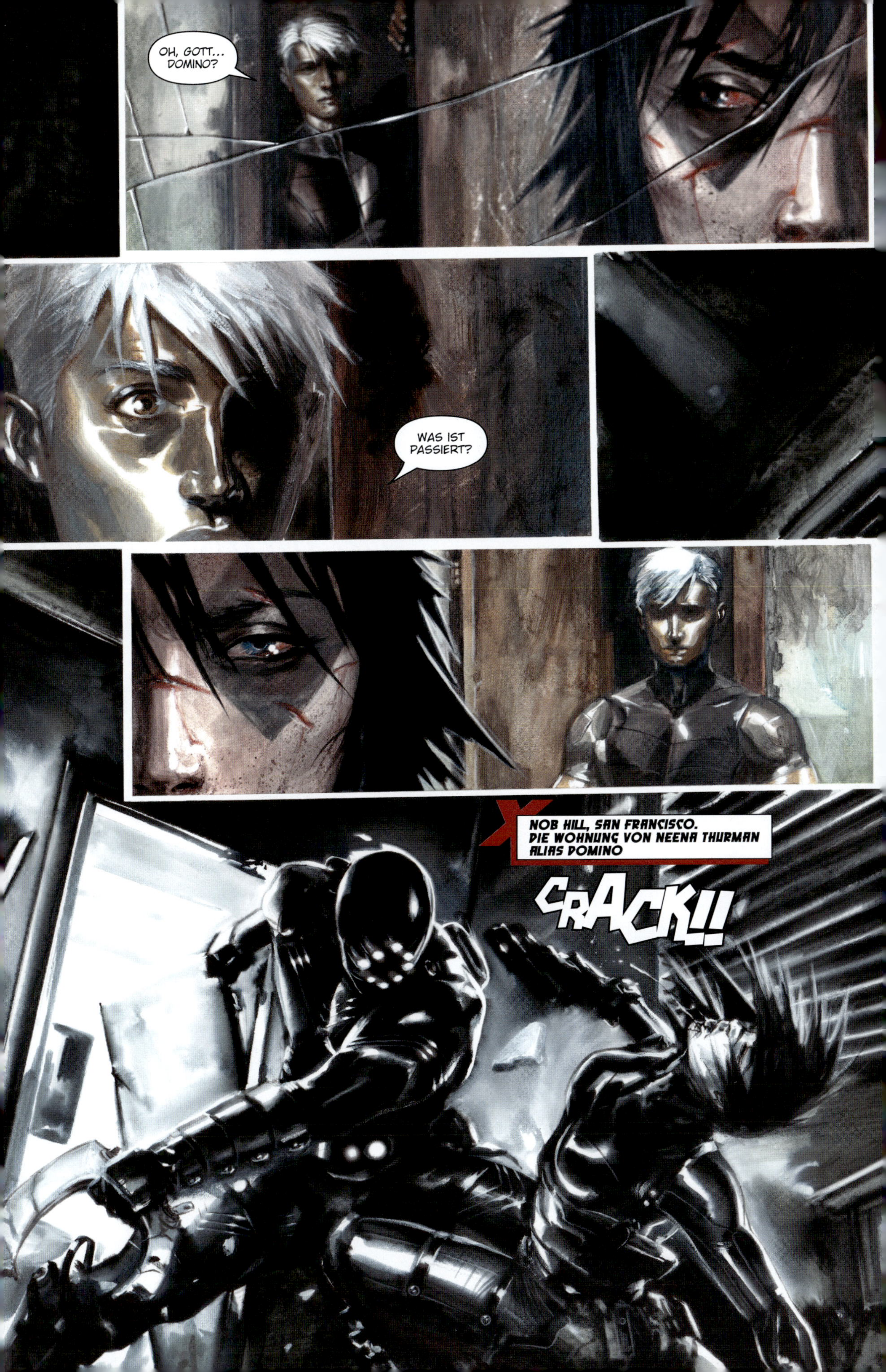

OH, GOTT... DOMINO?
WAS IST PASSIERT?
NOB HILL, SAN FRANCISCO. DIE WOHNUNG VON NEENA THURMAN ALIAS DOMINO
CRACK!!

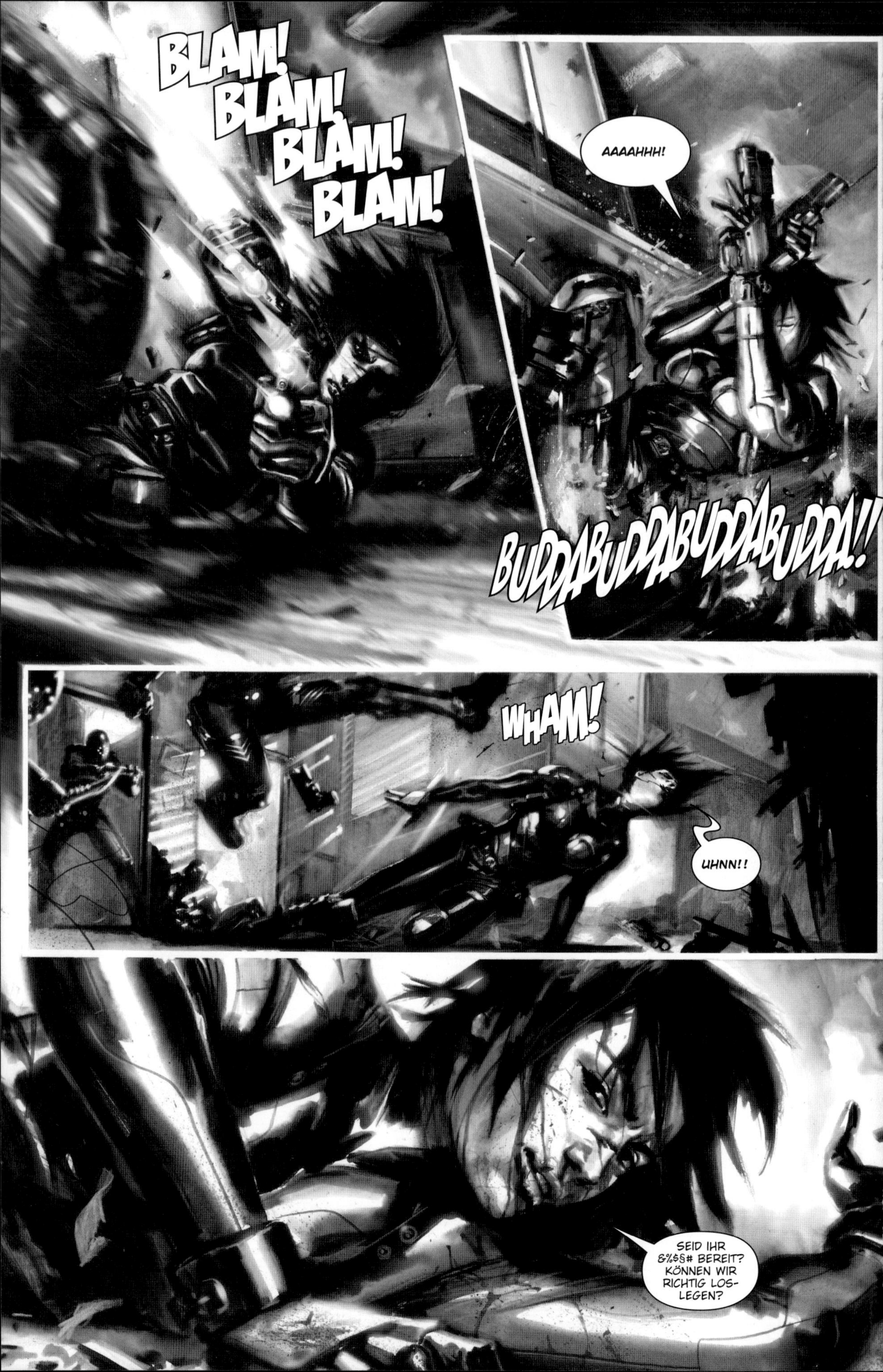

BLAM! BLAM! BLAM! BLAM!

AAAAHHH!

BUDDABUDDABUDDABUDDA!!

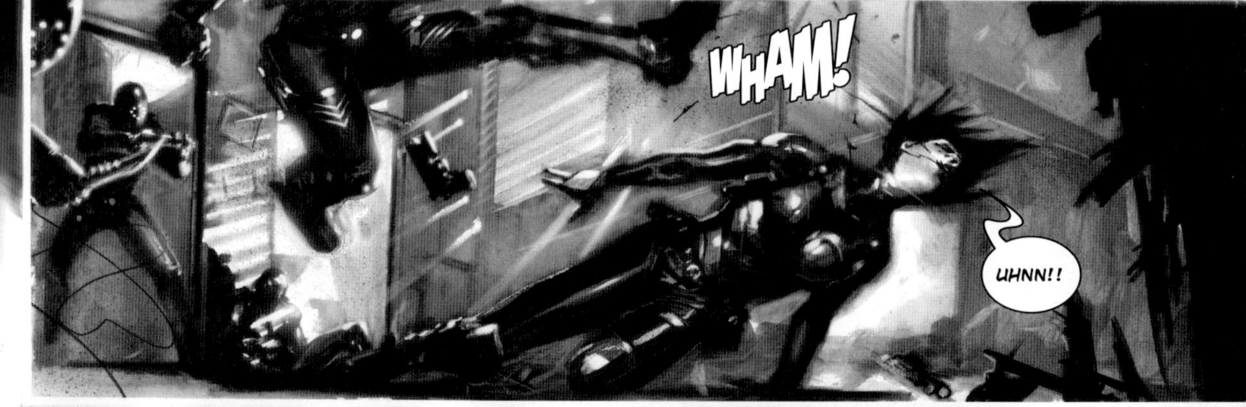

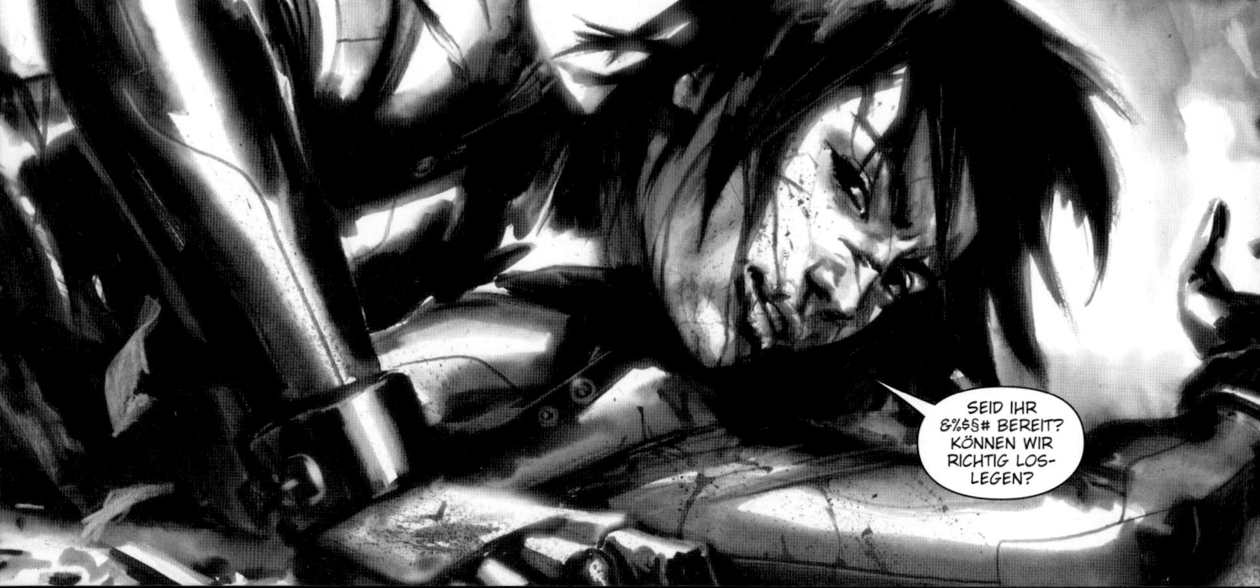

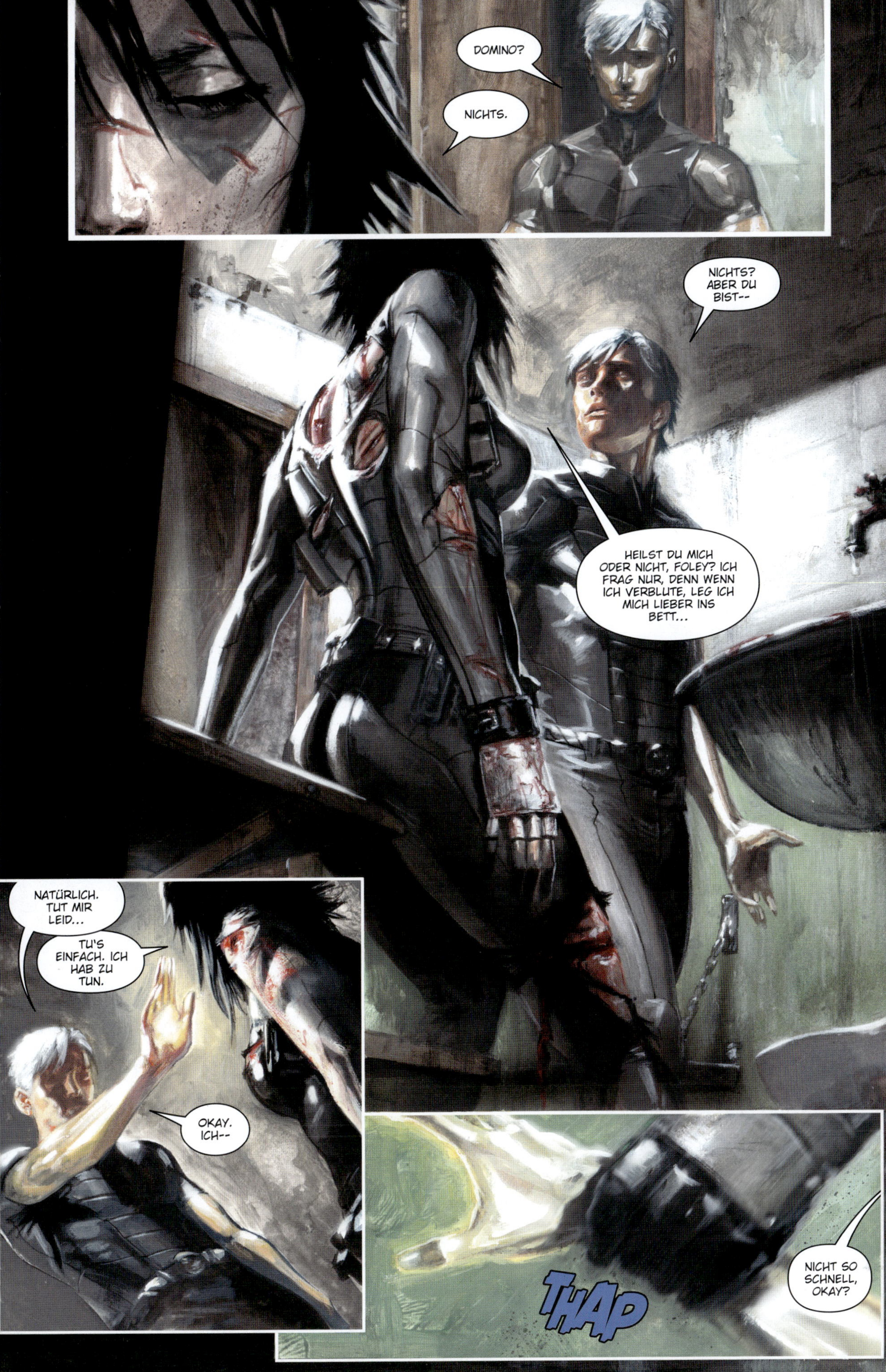
DOMINO?
NICHTS.
NICHTS? ABER DU BIST--
HEILST DU MICH ODER NICHT, FOLEY? ICH FRAG NUR, DENN WENN ICH VERBLUTE, LEG ICH MICH LIEBER INS BETT...
NATÜRLICH. TUT MIR LEID...
TU'S EINFACH. ICH HAB ZU TUN.
OKAY. ICH--
THAP
NICHT SO SCHNELL, OKAY?

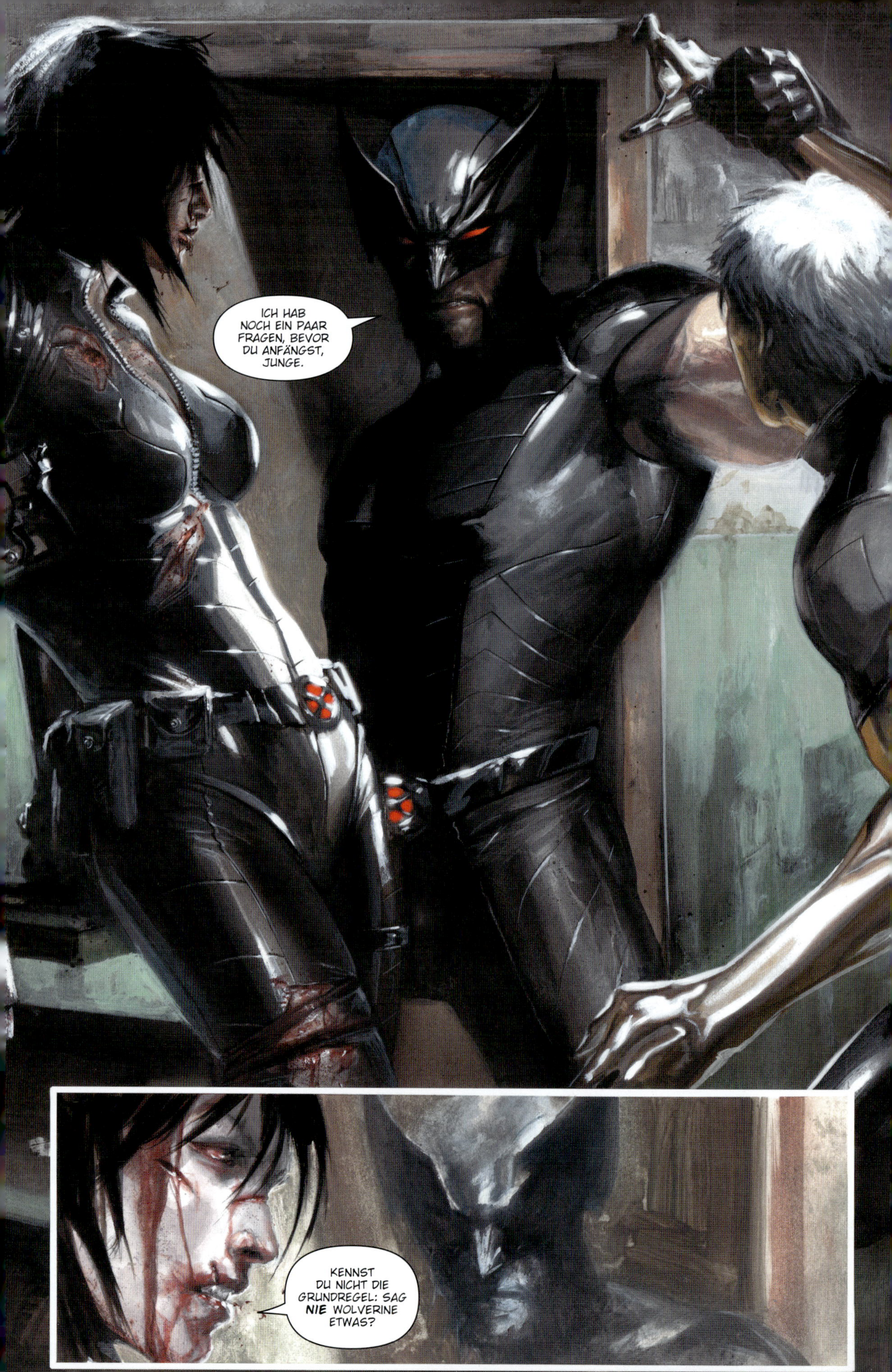
ICH HAB NOCH EIN PAAR FRAGEN, BEVOR DU ANFÄNGST, JUNGE.
KENNST DU NICHT DIE GRUNDREGEL: SAG **NIE** WOLVERINE ETWAS?

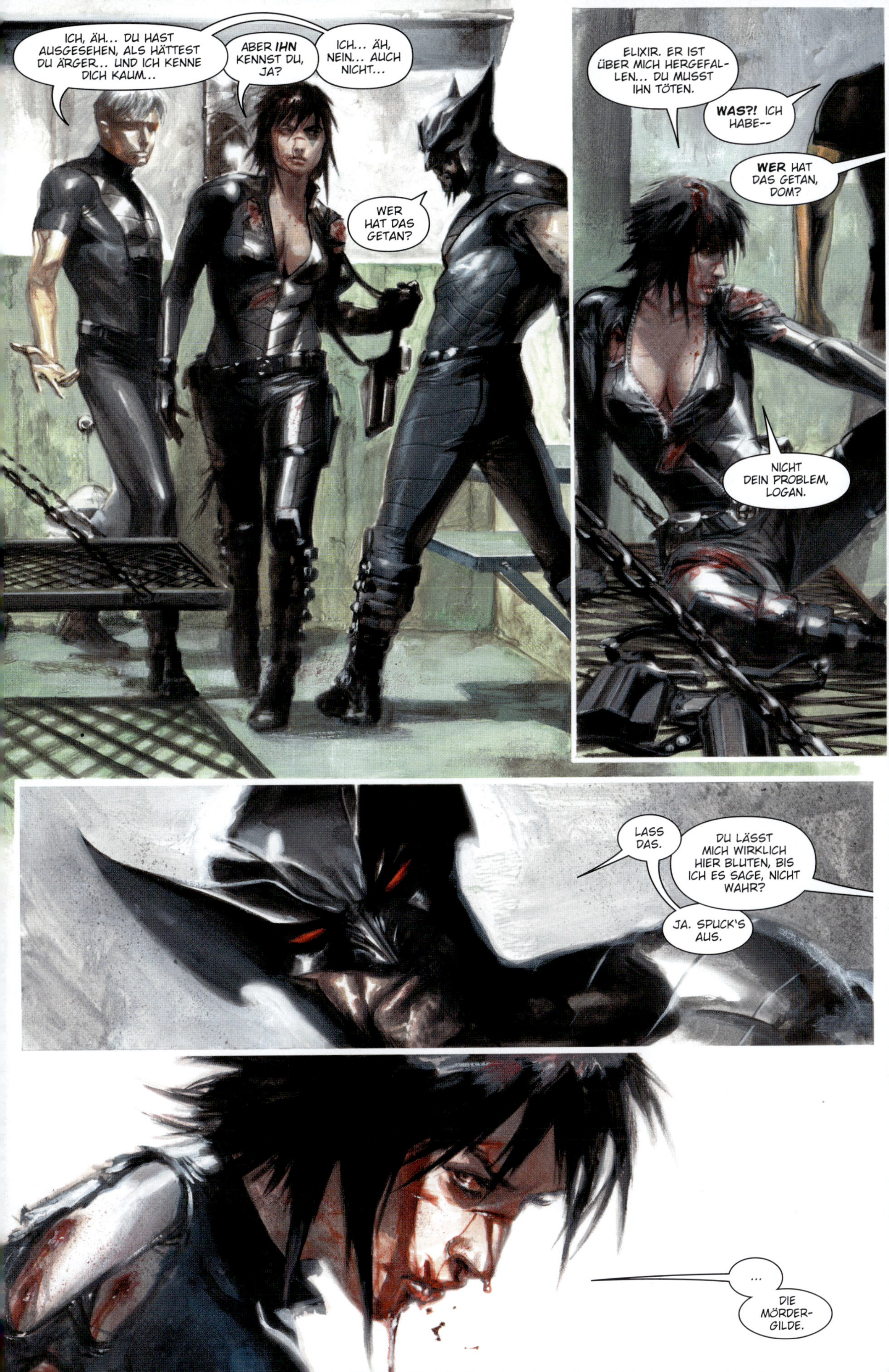
ICH, ÄH... DU HAST AUSGESEHEN, ALS HÄTTEST DU ÄRGER... UND ICH KENNE DICH KAUM...
ABER **IHN** KENNST DU, JA?
ICH... ÄH, NEIN... AUCH NICHT...
WER HAT DAS GETAN?
ELIXIR. ER IST ÜBER MICH HERGEFALLEN... DU MUSST IHN TÖTEN.
WAS?! ICH HABE--
WER HAT DAS GETAN, DOM?
NICHT DEIN PROBLEM, LOGAN.
LASS DAS.
DU LÄSST MICH WIRKLICH HIER BLUTEN, BIS ICH ES SAGE, NICHT WAHR?
JA. SPUCK'S AUS.
...
DIE MÖRDERGILDE.

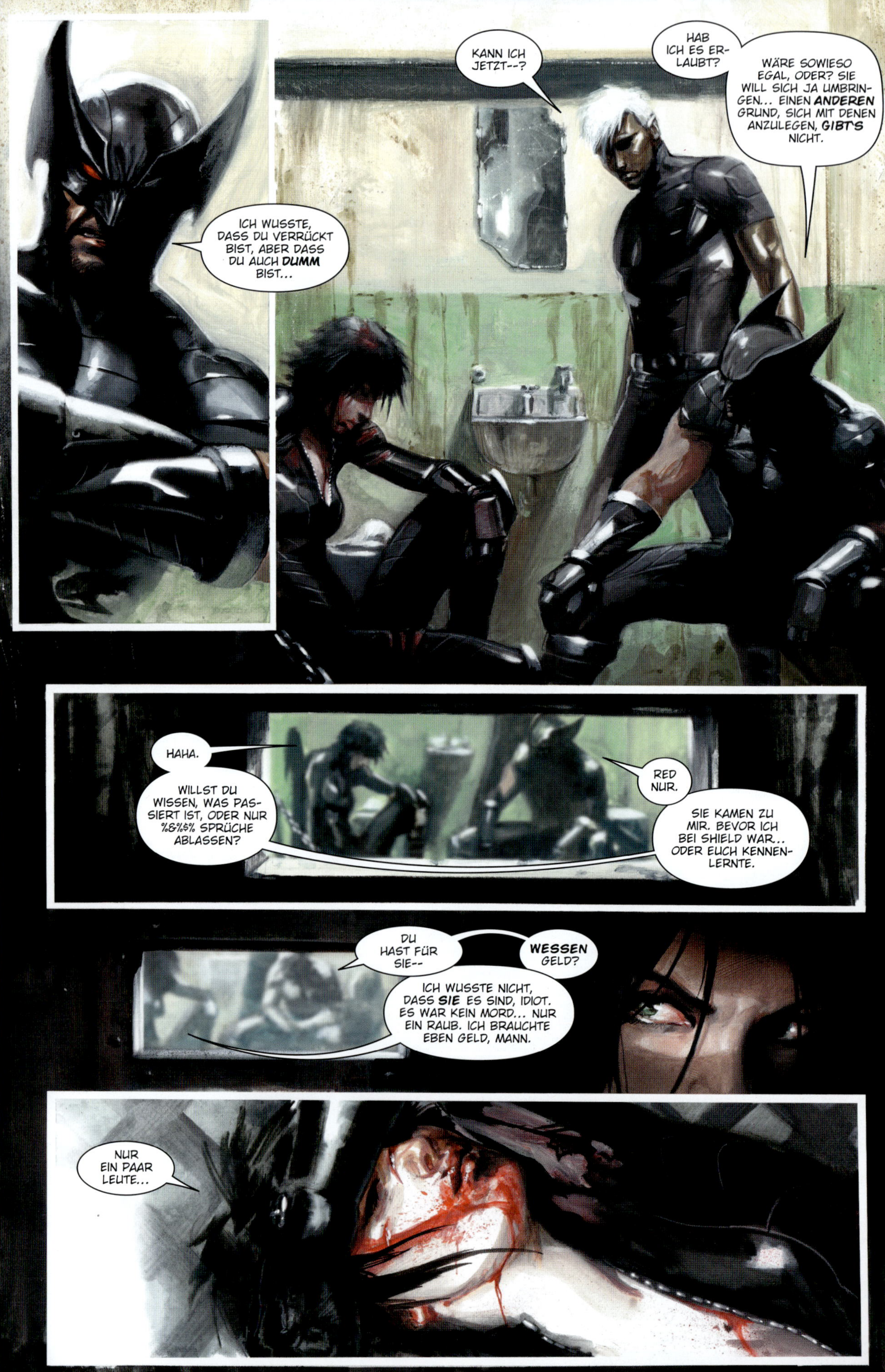
ICH WUSSTE, DASS DU VERRÜCKT BIST, ABER DASS DU AUCH **DUMM** BIST...
KANN ICH JETZT--?
HAB ICH ES ERLAUBT?
WÄRE SOWIESO EGAL, ODER? SIE WILL SICH JA UMBRINGEN... EINEN **ANDEREN** GRUND, SICH MIT DENEN ANZULEGEN, **GIBT'S** NICHT.
HAHA.
WILLST DU WISSEN, WAS PASSIERT IST, ODER NUR %&%$% SPRÜCHE ABLASSEN?
RED NUR.
SIE KAMEN ZU MIR. BEVOR ICH BEI SHIELD WAR... ODER EUCH KENNENLERNTE.
DU HAST FÜR SIE--
WESSEN GELD?
ICH WUSSTE NICHT, DASS **SIE** ES SIND, IDIOT. ES WAR KEIN MORD... NUR EIN RAUB. ICH BRAUCHTE EBEN GELD, MANN.
NUR EIN PAAR LEUTE...

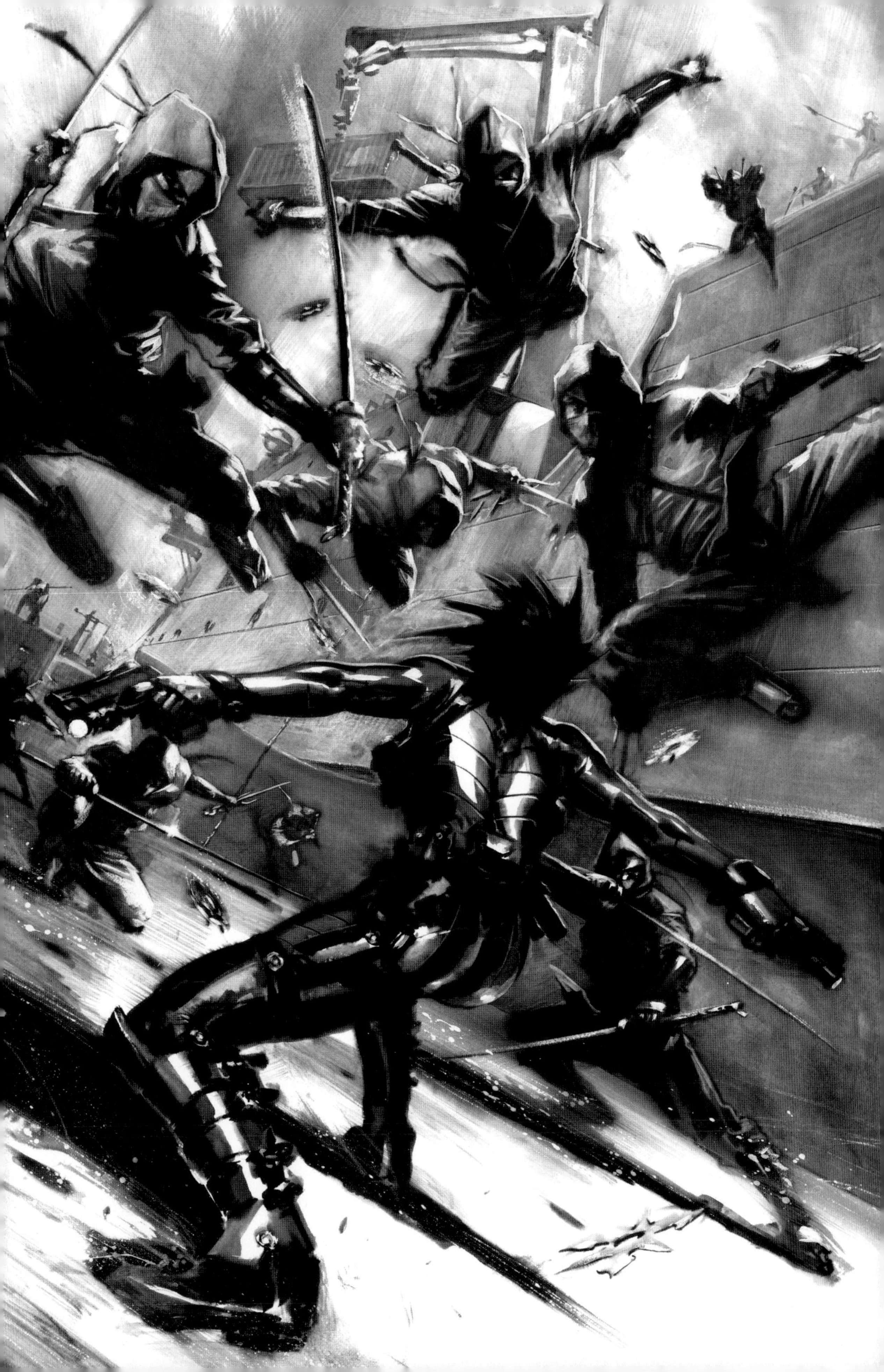

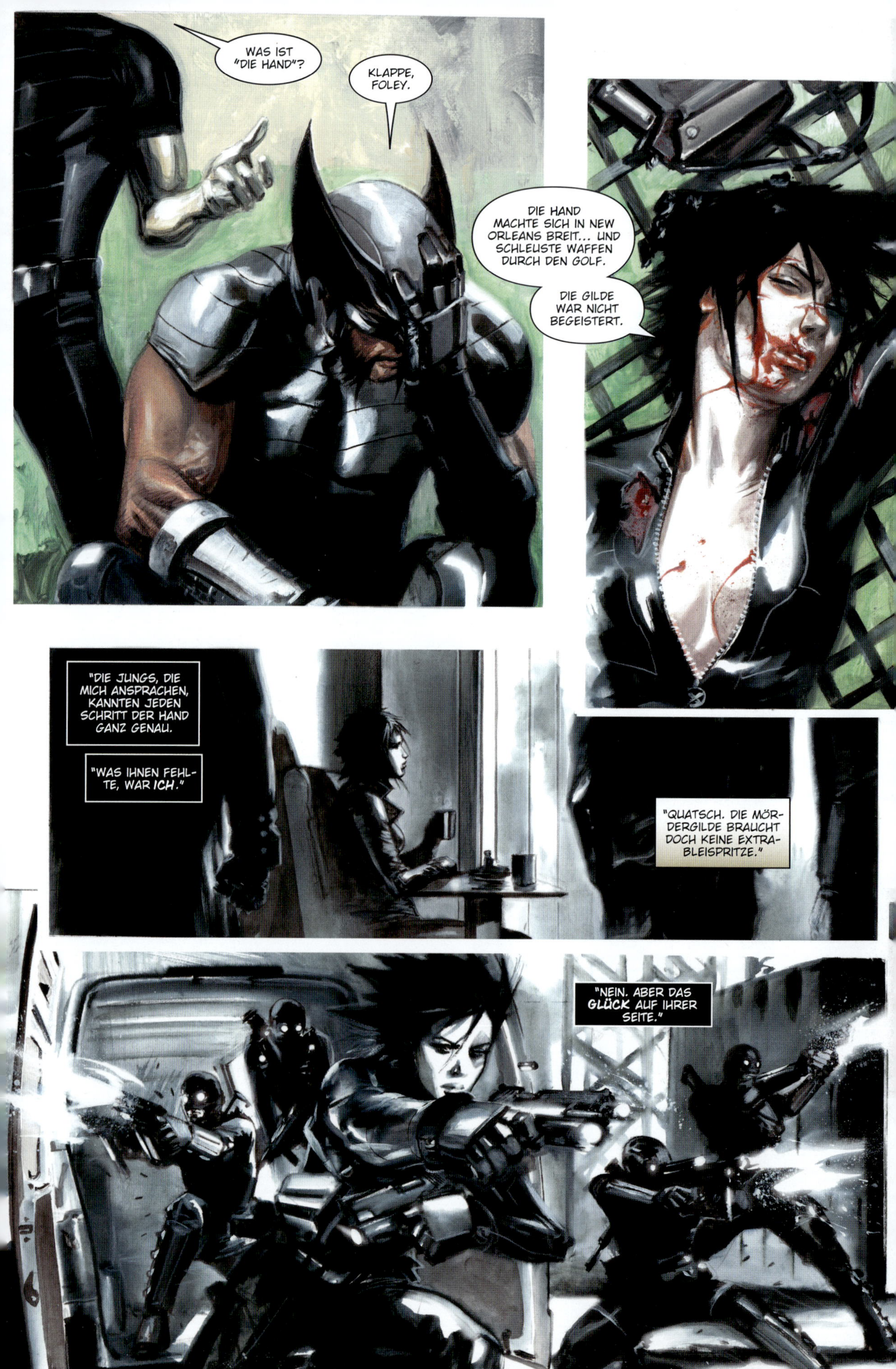
WAS IST "DIE HAND"?
KLAPPE, FOLEY.
DIE HAND MACHTE SICH IN NEW ORLEANS BREIT... UND SCHLEUSTE WAFFEN DURCH DEN GOLF.
DIE GILDE WAR NICHT BEGEISTERT.
"DIE JUNGS, DIE MICH ANSPRACHEN, KANNTEN JEDEN SCHRITT DER HAND GANZ GENAU.
"WAS IHNEN FEHLTE, WAR ICH."
"QUATSCH. DIE MÖRDERGILDE BRAUCHT DOCH KEINE EXTRABLEISPRITZE."
"NEIN. ABER DAS GLÜCK AUF IHRER SEITE."

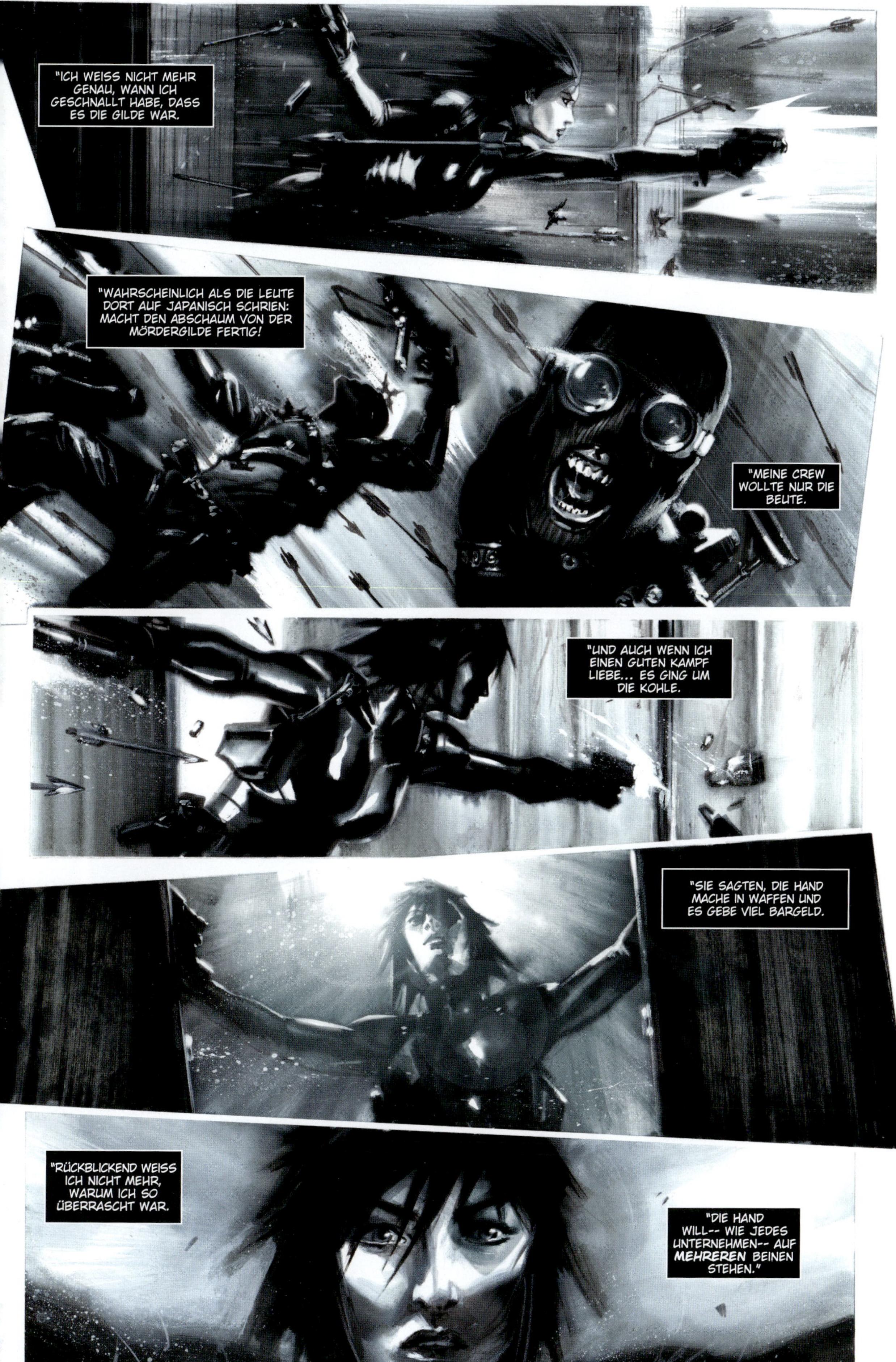
"ICH WEISS NICHT MEHR GENAU, WANN ICH GESCHNALLT HABE, DASS ES DIE GILDE WAR.
"WAHRSCHEINLICH ALS DIE LEUTE DORT AUF JAPANISCH SCHRIEN: MACHT DEN ABSCHAUM VON DER MÖRDERGILDE FERTIG!
"MEINE CREW WOLLTE NUR DIE BEUTE.
"UND AUCH WENN ICH EINEN GUTEN KAMPF LIEBE... ES GING UM DIE KOHLE.
"SIE SAGTEN, DIE HAND MACHE IN WAFFEN UND ES GEBE VIEL BARGELD.
"RÜCKBLICKEND WEISS ICH NICHT MEHR, WARUM ICH SO ÜBERRASCHT WAR.
"DIE HAND WILL-- WIE JEDES UNTERNEHMEN-- AUF **MEHREREN** BEINEN STEHEN."

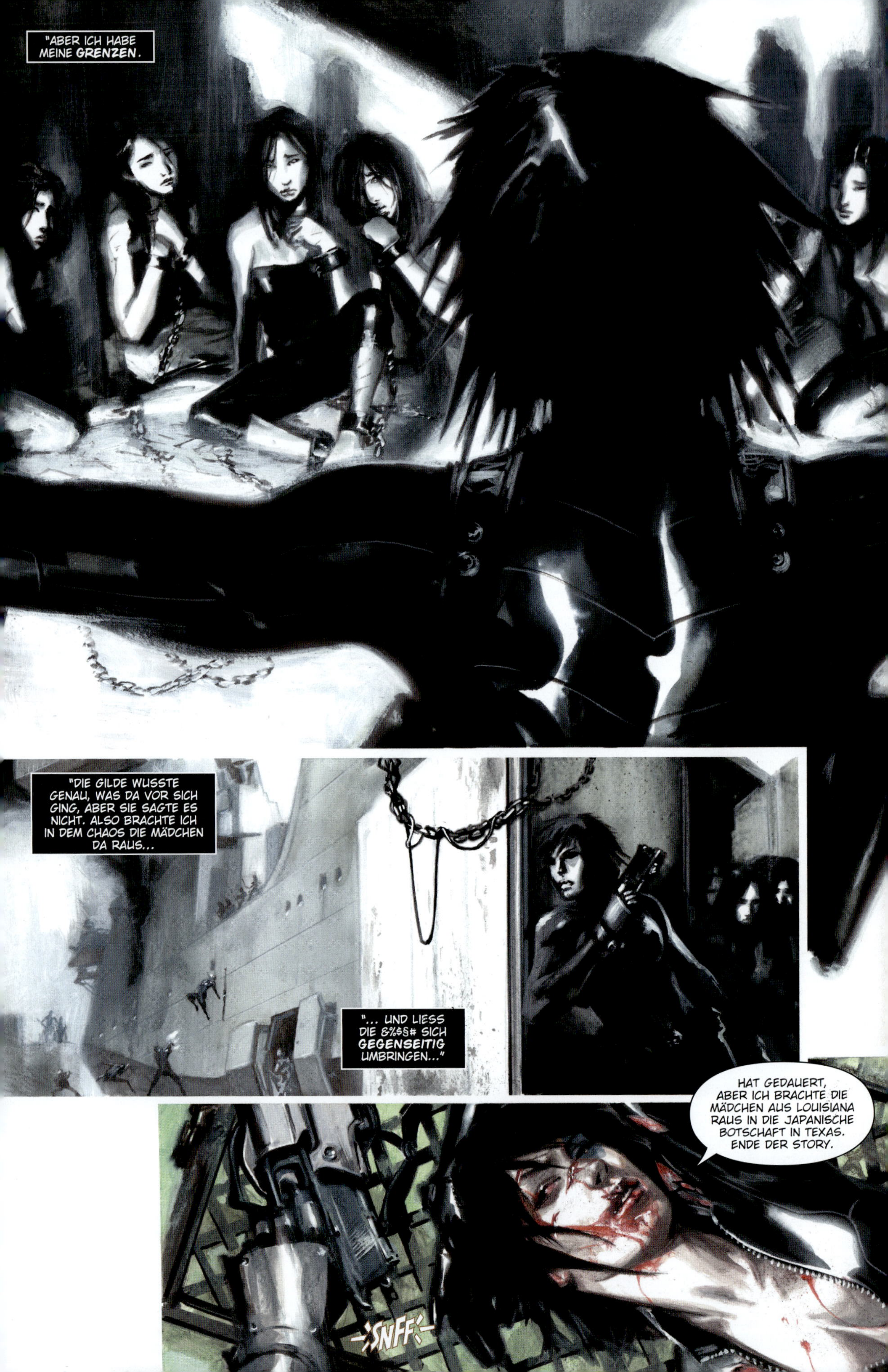
"ABER ICH HABE MEINE **GRENZEN**.
"DIE GILDE WUSSTE GENAU, WAS DA VOR SICH GING, ABER SIE SAGTE ES NICHT. ALSO BRACHTE ICH IN DEM CHAOS DIE MÄDCHEN DA RAUS...
"... UND LIESS DIE &%$§# SICH **GEGENSEITIG** UMBRINGEN..."
HAT GEDAUERT, ABER ICH BRACHTE DIE MÄDCHEN AUS LOUISIANA RAUS IN DIE JAPANISCHE BOTSCHAFT IN TEXAS. ENDE DER STORY.
SNFF

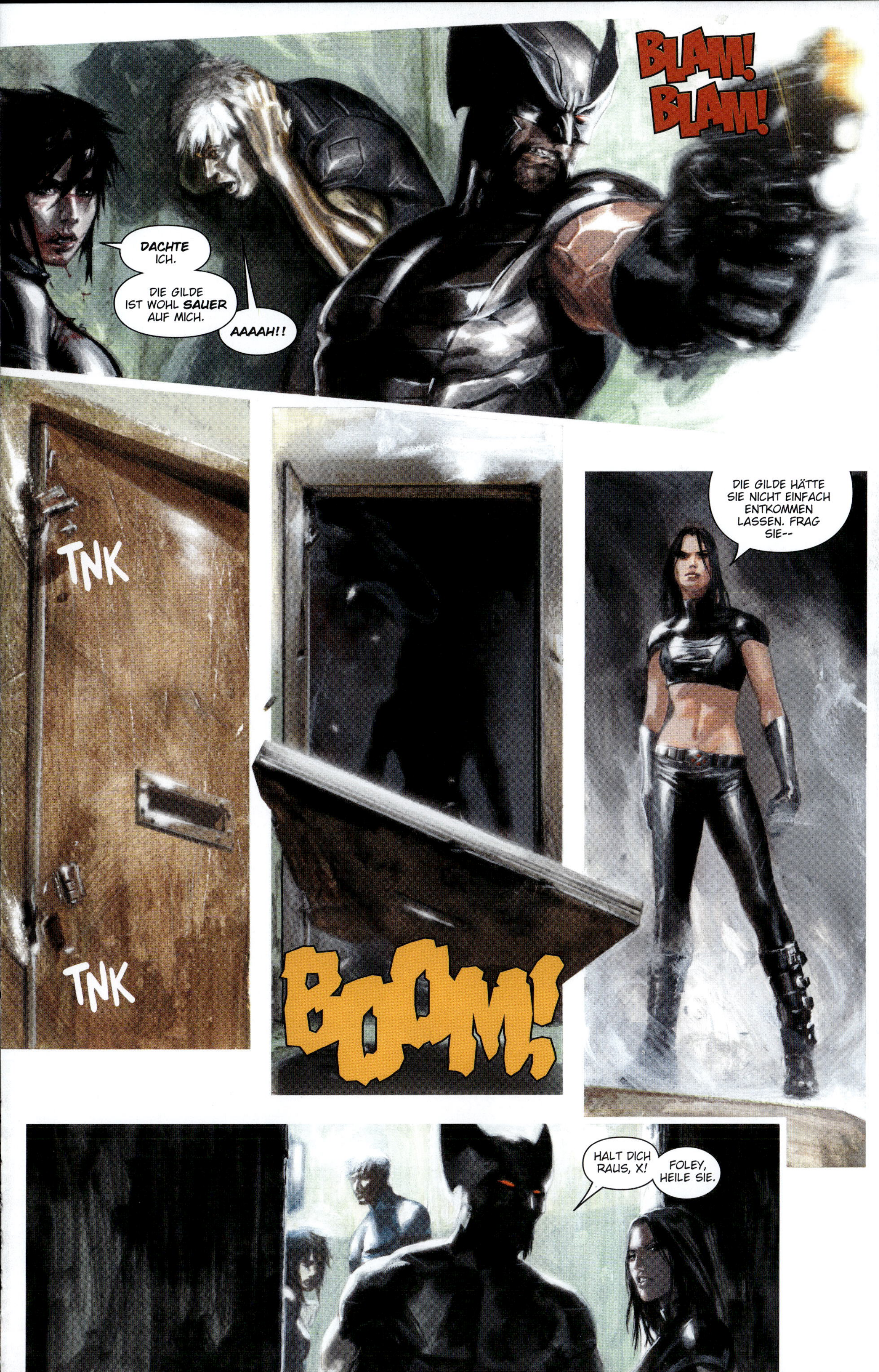
BLAM! BLAM!
DACHTE ICH.
DIE GILDE IST WOHL SAUER AUF MICH.
AAAAH!!
TNK
TNK
BOOM!
DIE GILDE HÄTTE SIE NICHT EINFACH ENTKOMMEN LASSEN. FRAG SIE--
HALT DICH RAUS, X!
FOLEY, HEILE SIE.

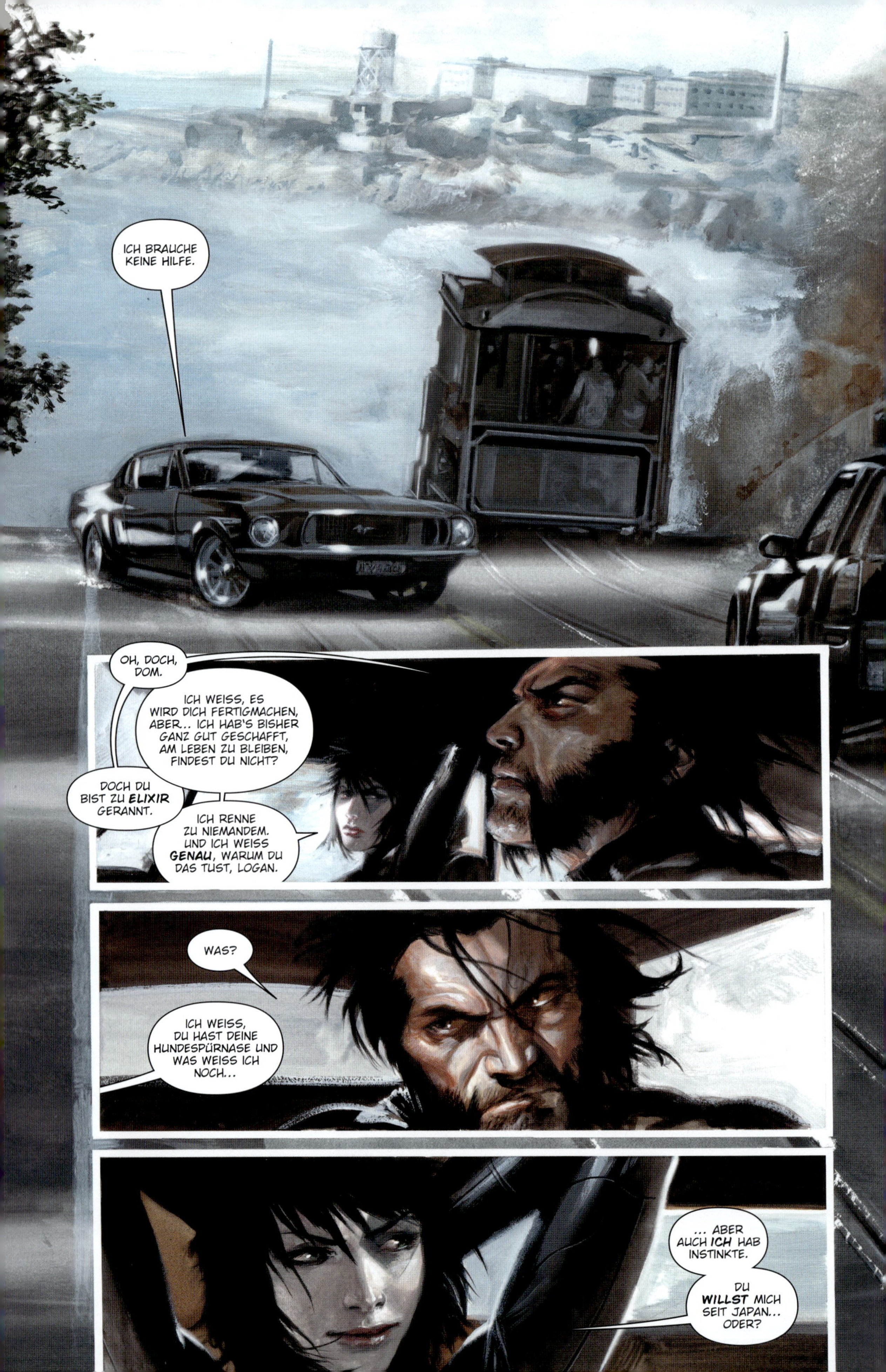
ICH BRAUCHE KEINE HILFE.
OH, DOCH, DOM.
ICH WEISS, ES WIRD DICH FERTIGMACHEN, ABER... ICH HAB'S BISHER GANZ GUT GESCHAFFT, AM LEBEN ZU BLEIBEN, FINDEST DU NICHT?
DOCH DU BIST ZU **ELIXIR** GERANNT.
ICH RENNE ZU NIEMANDEM. UND ICH WEISS **GENAU**, WARUM DU DAS TUST, LOGAN.
WAS?
ICH WEISS, DU HAST DEINE HUNDESPÜRNASE UND WAS WEISS ICH NOCH...
... ABER AUCH **ICH** HAB INSTINKTE.
DU **WILLST** MICH SEIT JAPAN... ODER?

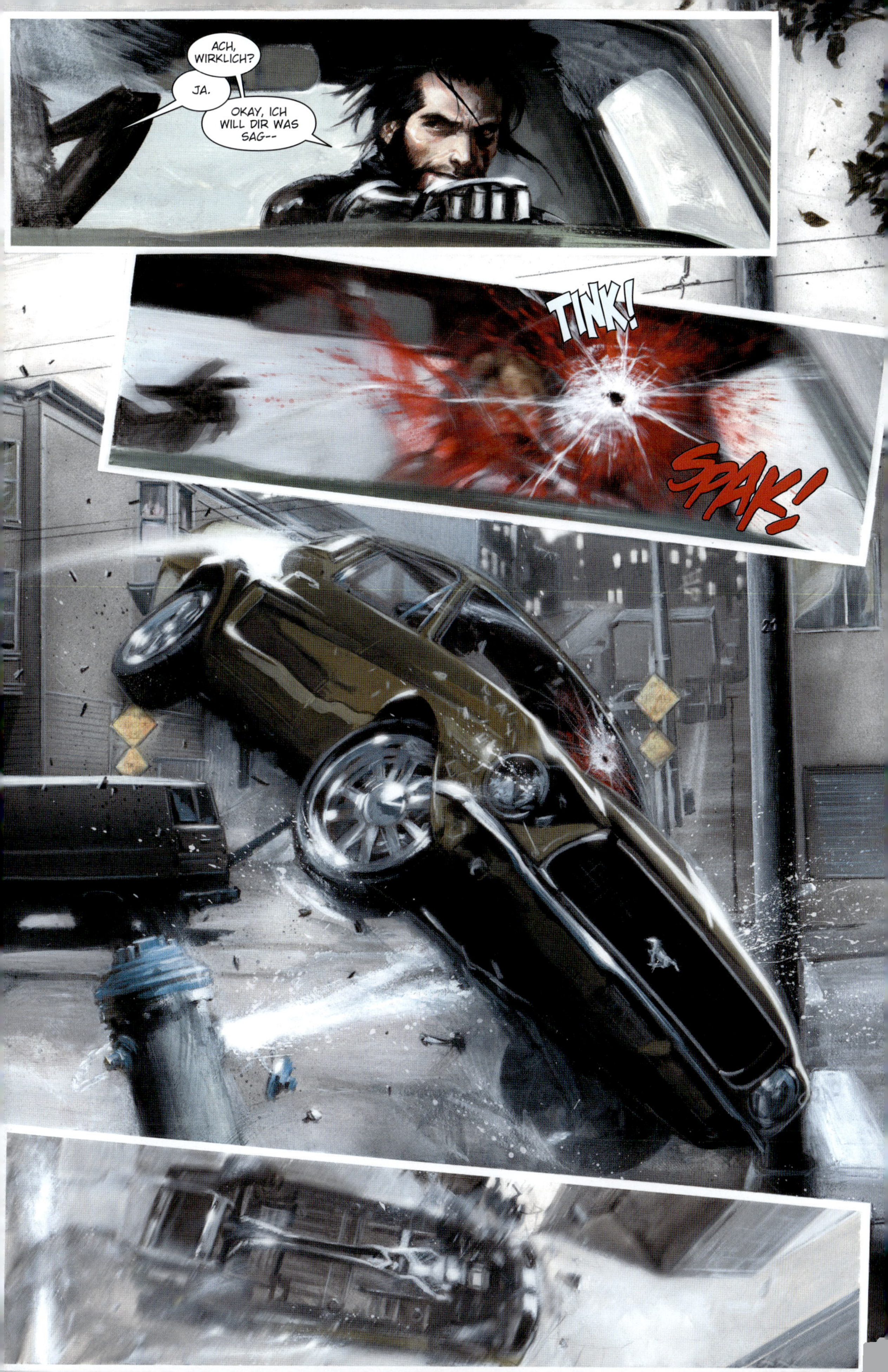
ACH, WIRKLICH?
JA.
OKAY, ICH WILL DIR WAS SAG--
TINK!
SPAK!

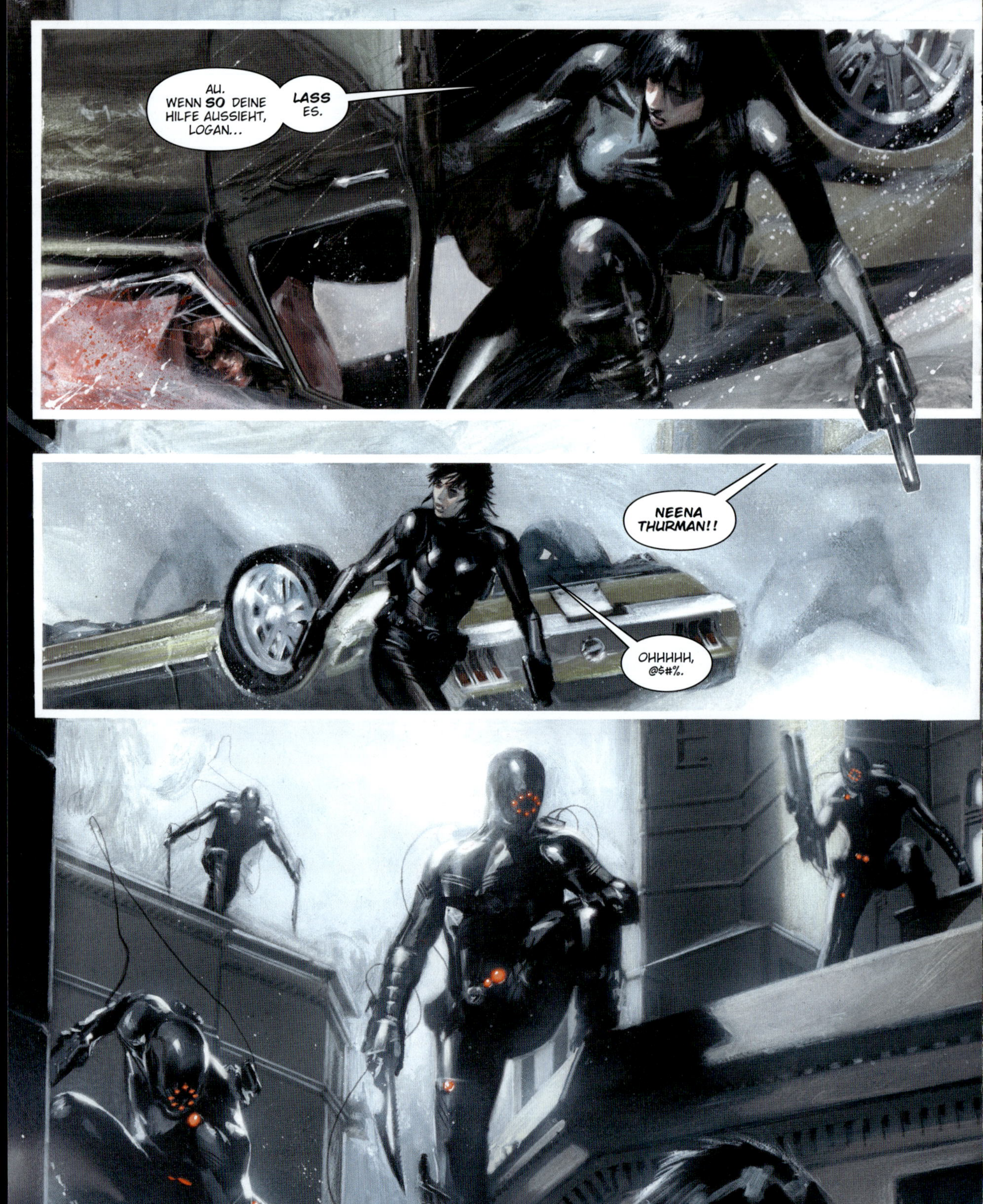
AU. WENN SO DEINE HILFE AUSSIEHT, LOGAN...
LASS ES.
NEENA THURMAN!!
OHHHHH, @$#%.

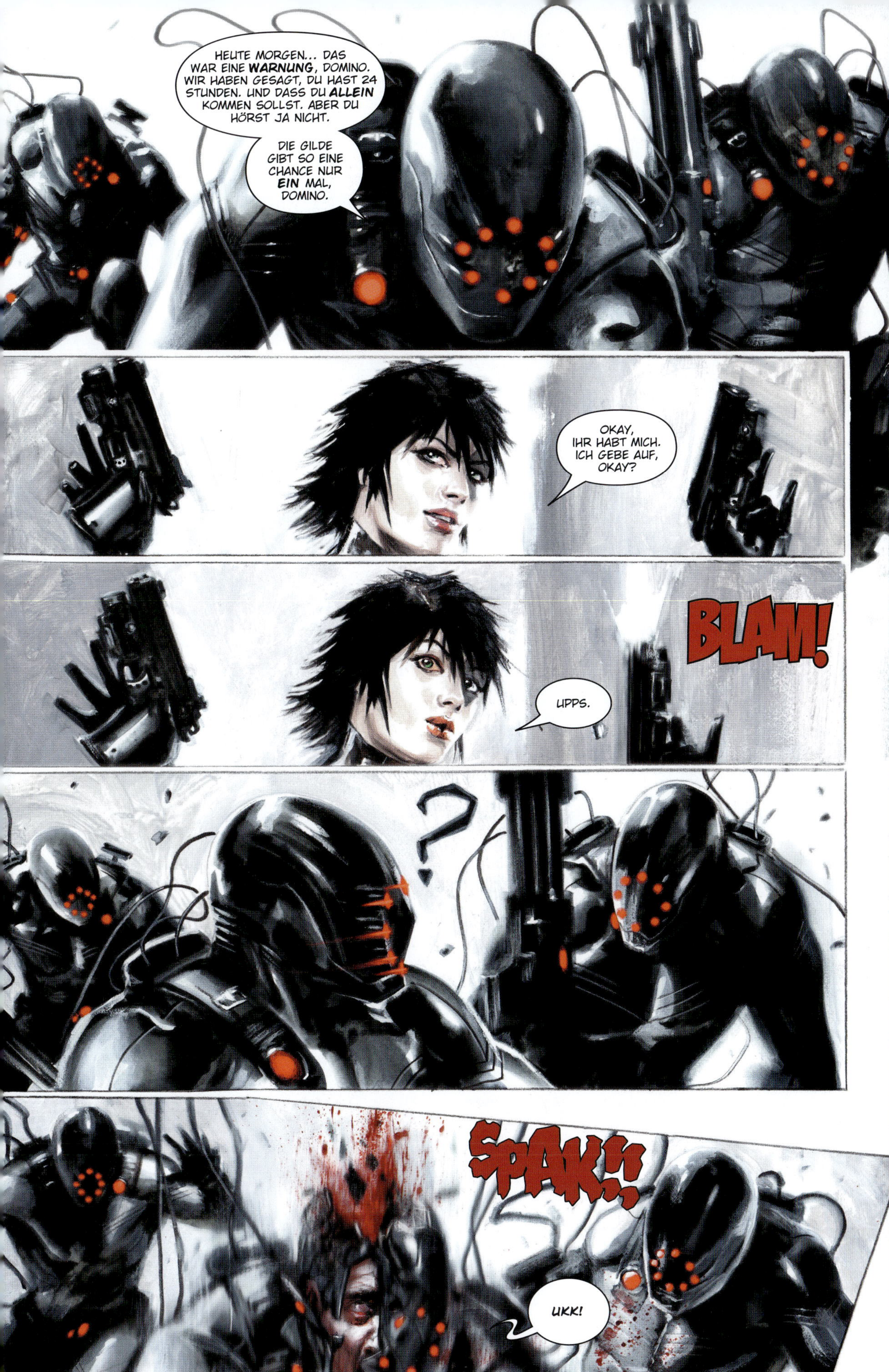
HEUTE MORGEN... DAS WAR EINE WARNUNG, DOMINO. WIR HABEN GESAGT, DU HAST 24 STUNDEN. UND DASS DU ALLEIN KOMMEN SOLLST. ABER DU HÖRST JA NICHT.
DIE GILDE GIBT SO EINE CHANCE NUR EIN MAL, DOMINO.
OKAY, IHR HABT MICH. ICH GEBE AUF, OKAY?
BLAM!
UPPS.
?
SPAK!!
UKK!

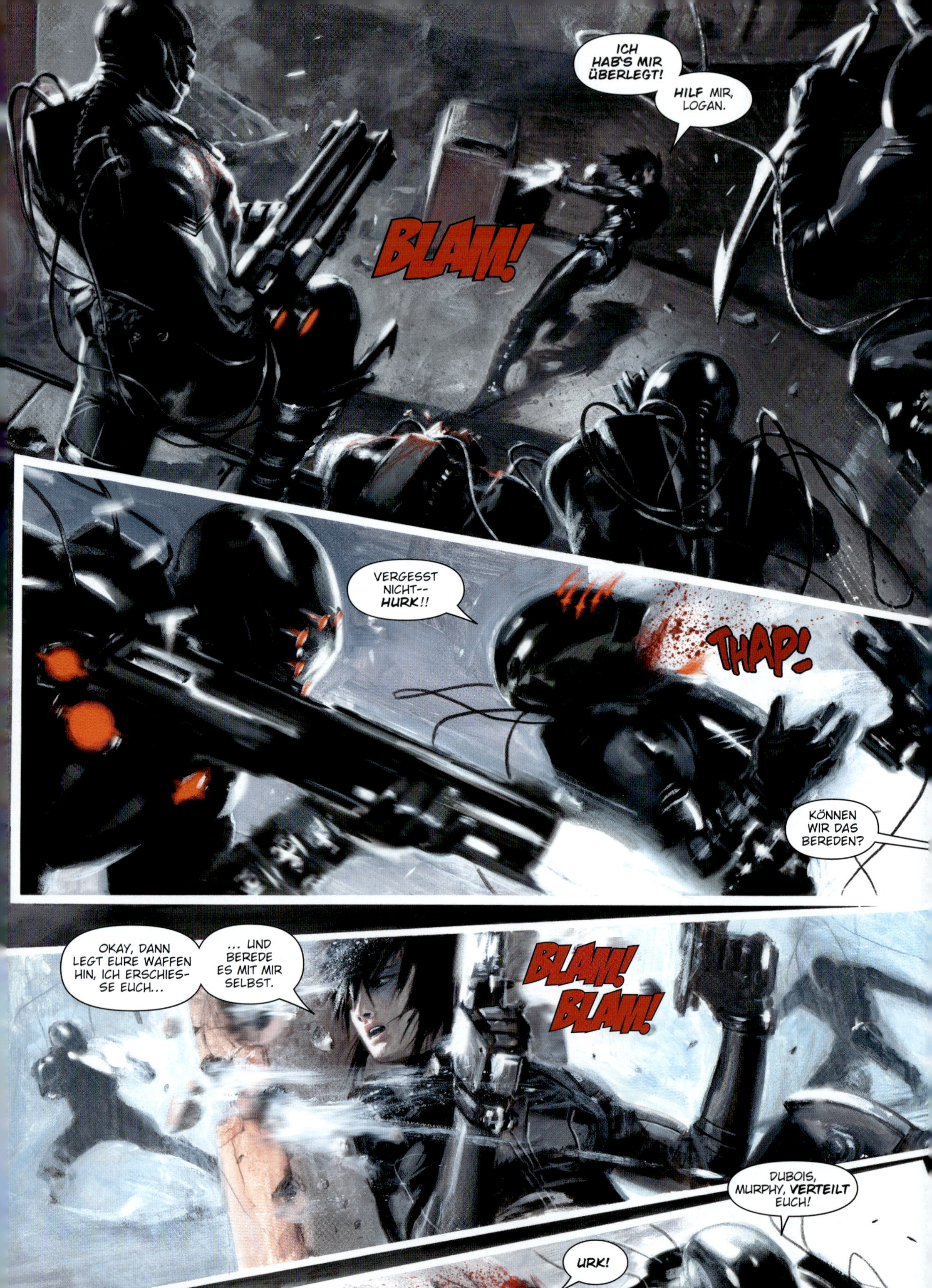
ICH HAB'S MIR ÜBERLEGT!
HILF MIR, LOGAN.
BLAM!
VERGESST NICHT-- HURK!!
THAP!
KÖNNEN WIR DAS BEREDEN?
OKAY, DANN LEGT EURE WAFFEN HIN, ICH ERSCHIES-SE EUCH...
... UND BEREDE ES MIT MIR SELBST.
BLAM! BLAM!
DUBOIS, MURPHY, VERTEILT EUCH!
URK!
SPAK!
OH GOTT.
SNIKT! SNIKT!

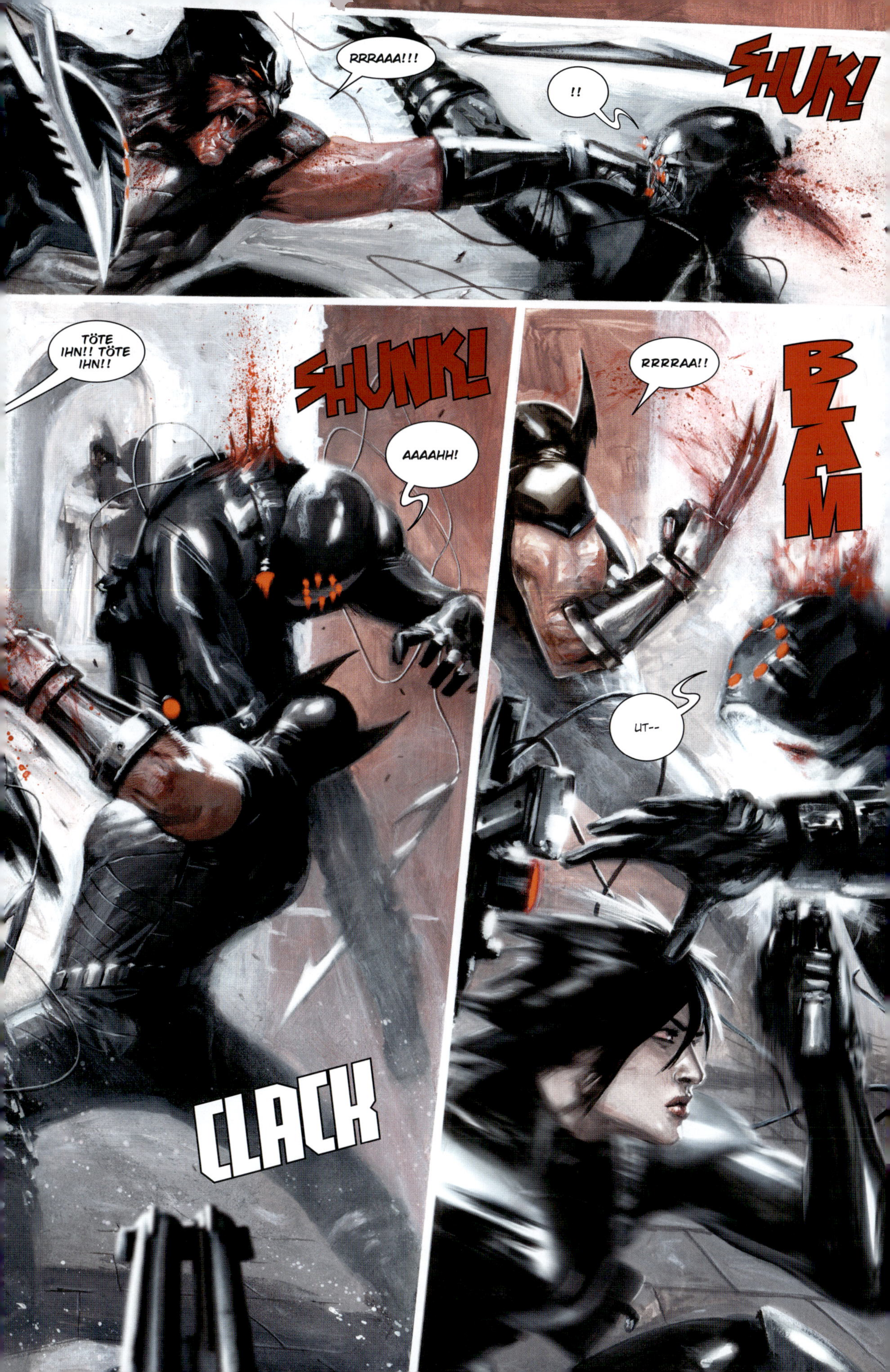
RRRAAA!!!
!!
SHUK!
TÖTE IHN!! TÖTE IHN!!
SHUNK!
AAAAHH!
CLACK
RRRRAA!!
BLAM
LIT--

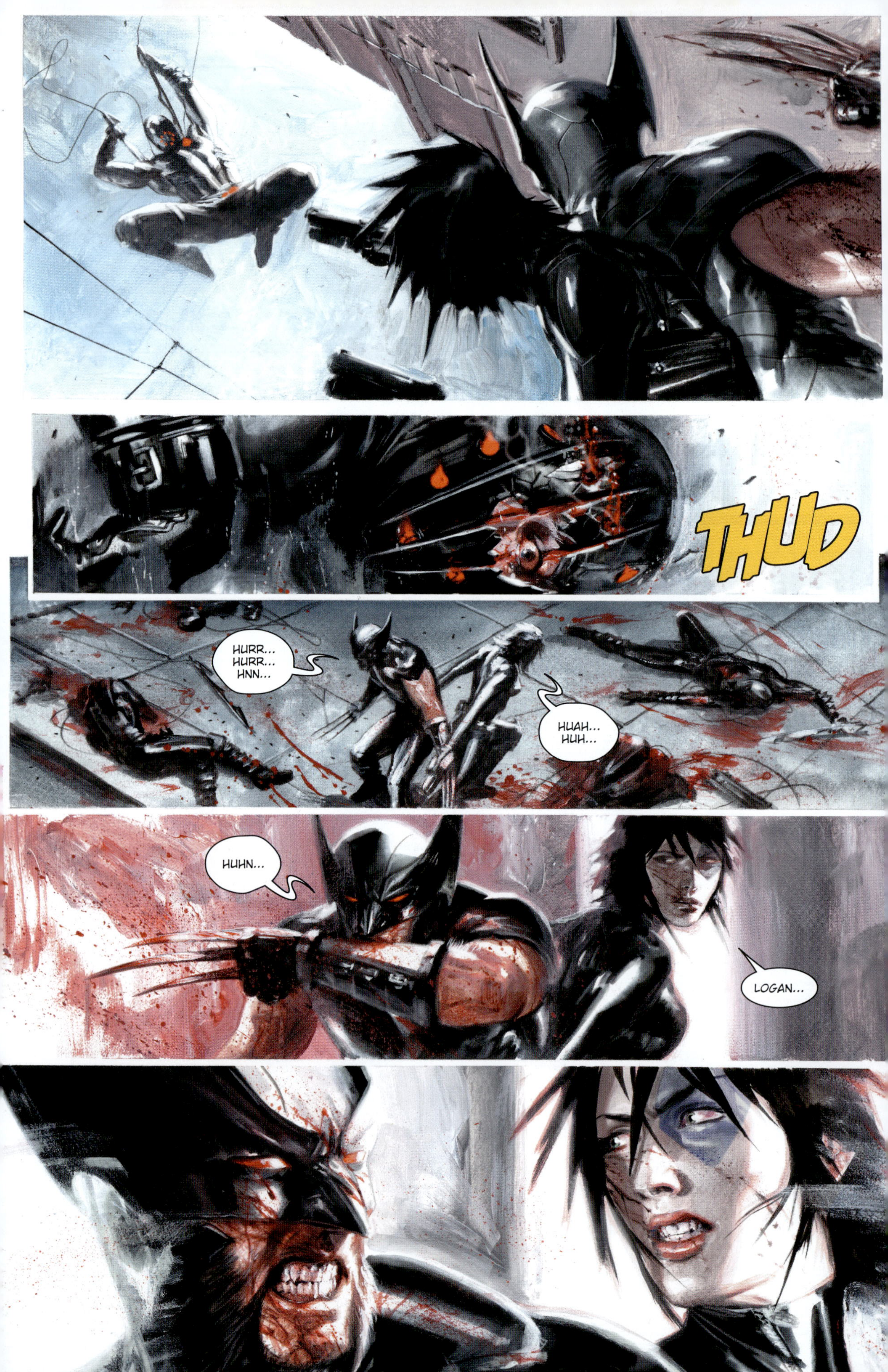
THUD
HURR...
HURR...
HNN...
HUAH...
HUH...
HUHN...
LOGAN...

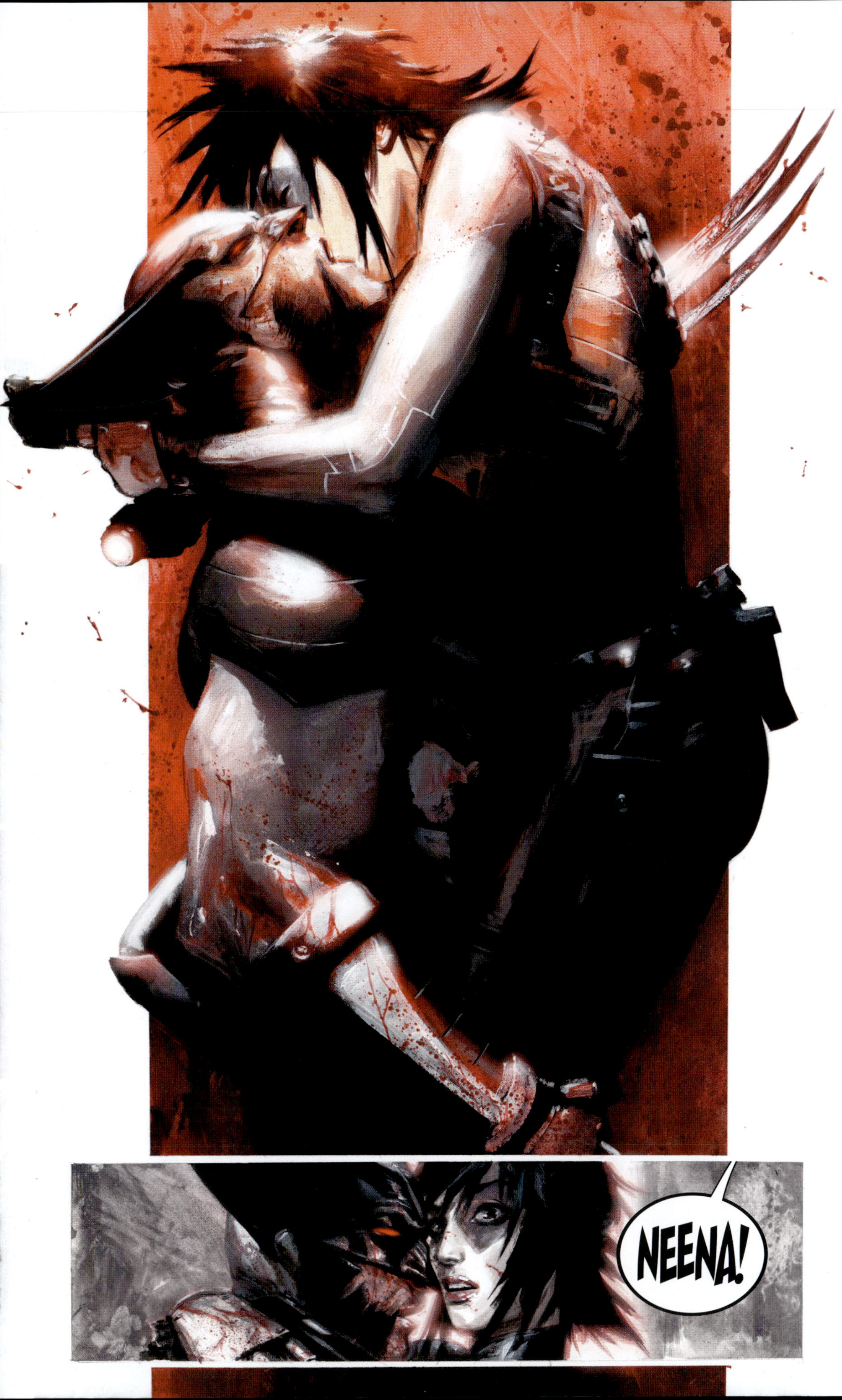

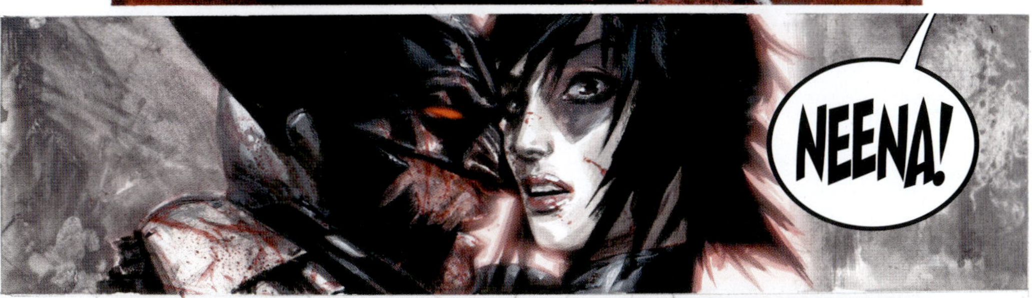
NEENA!

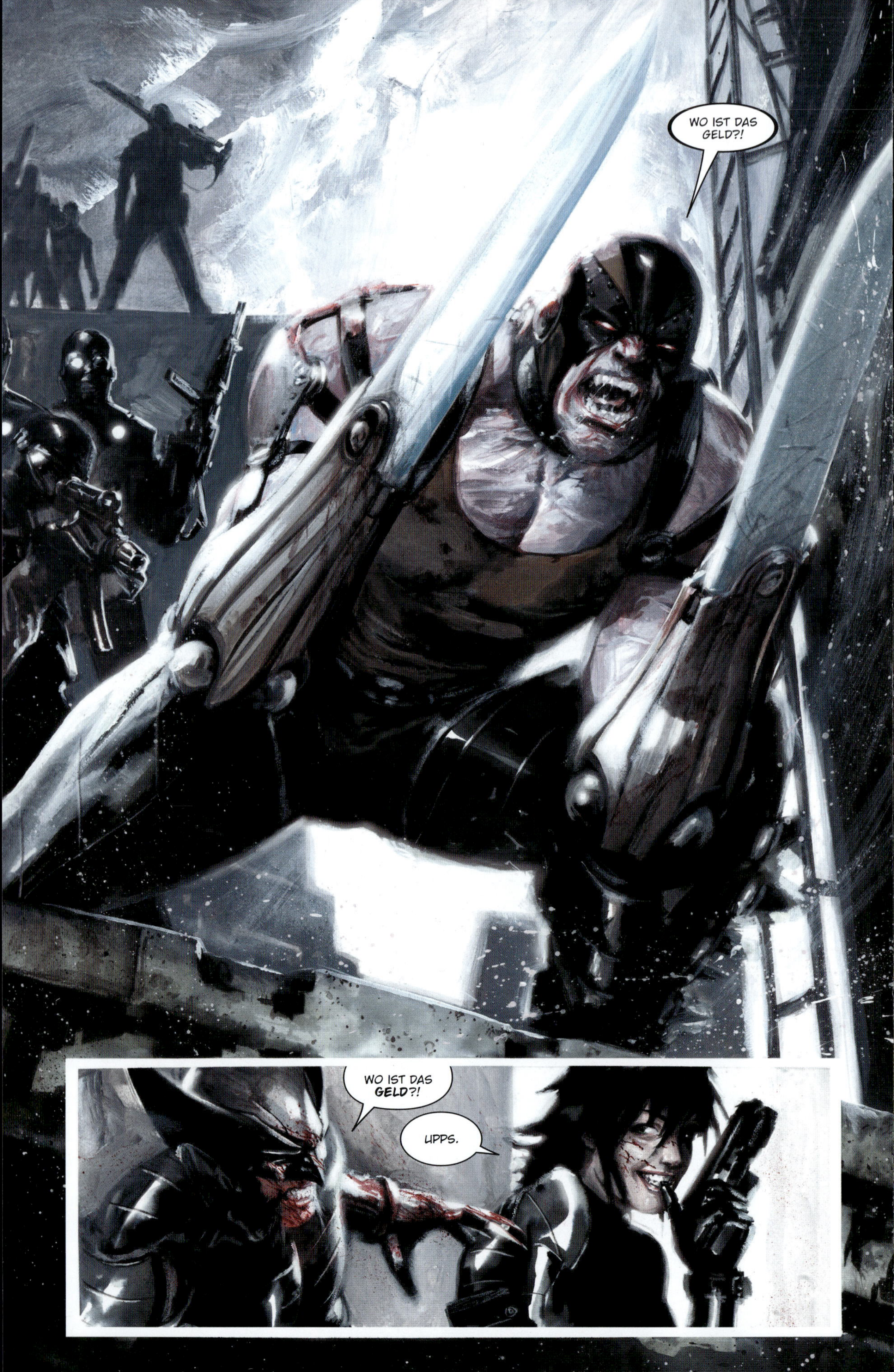
WO IST DAS GELD?!
WO IST DAS GELD?!
UPPS.

SEX + GEWALT, KAPITEL 2

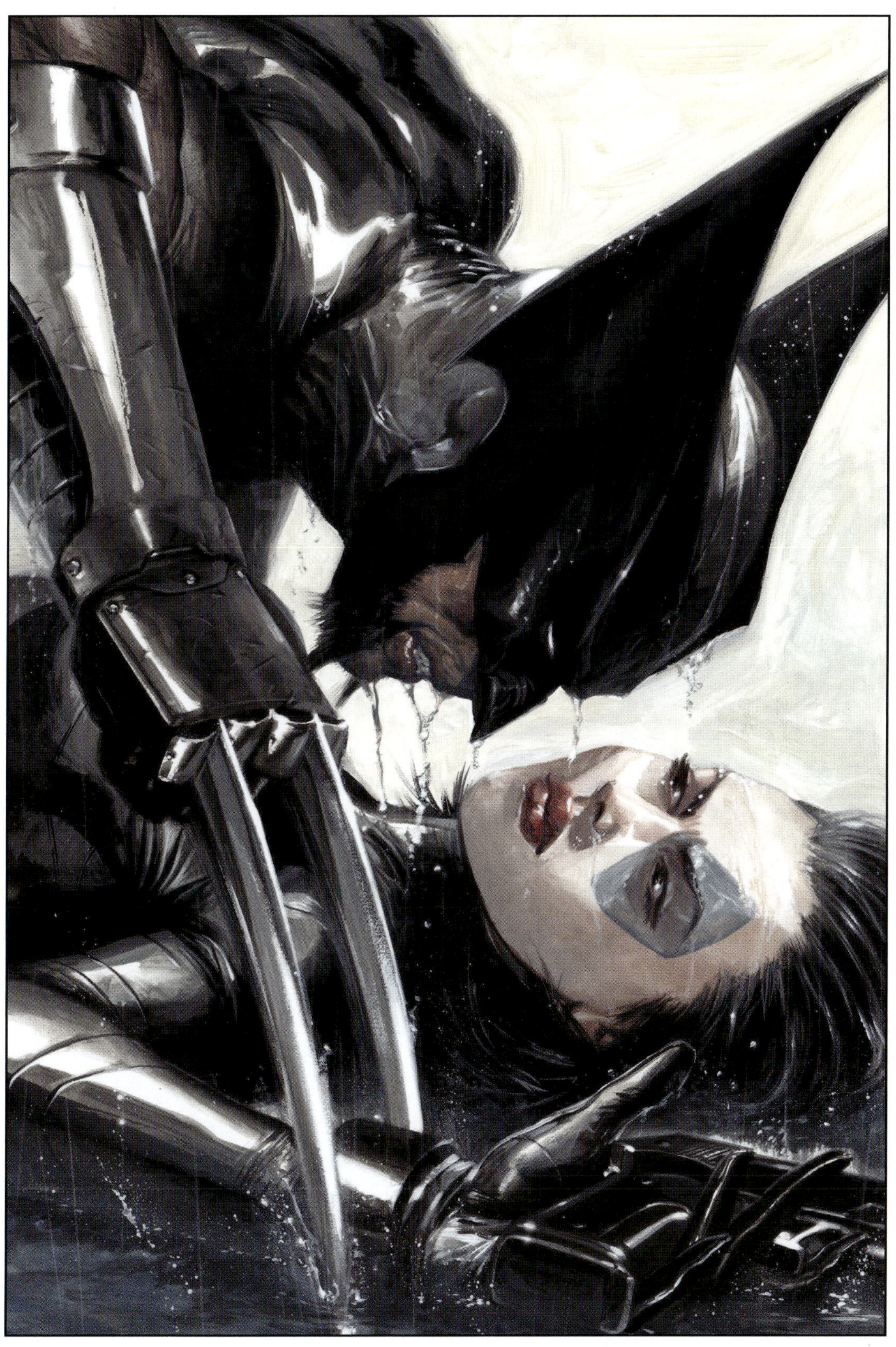

X-Force: Sex and Violence (2010) 2
Cover von **GABRIELE DELL'OTTO**

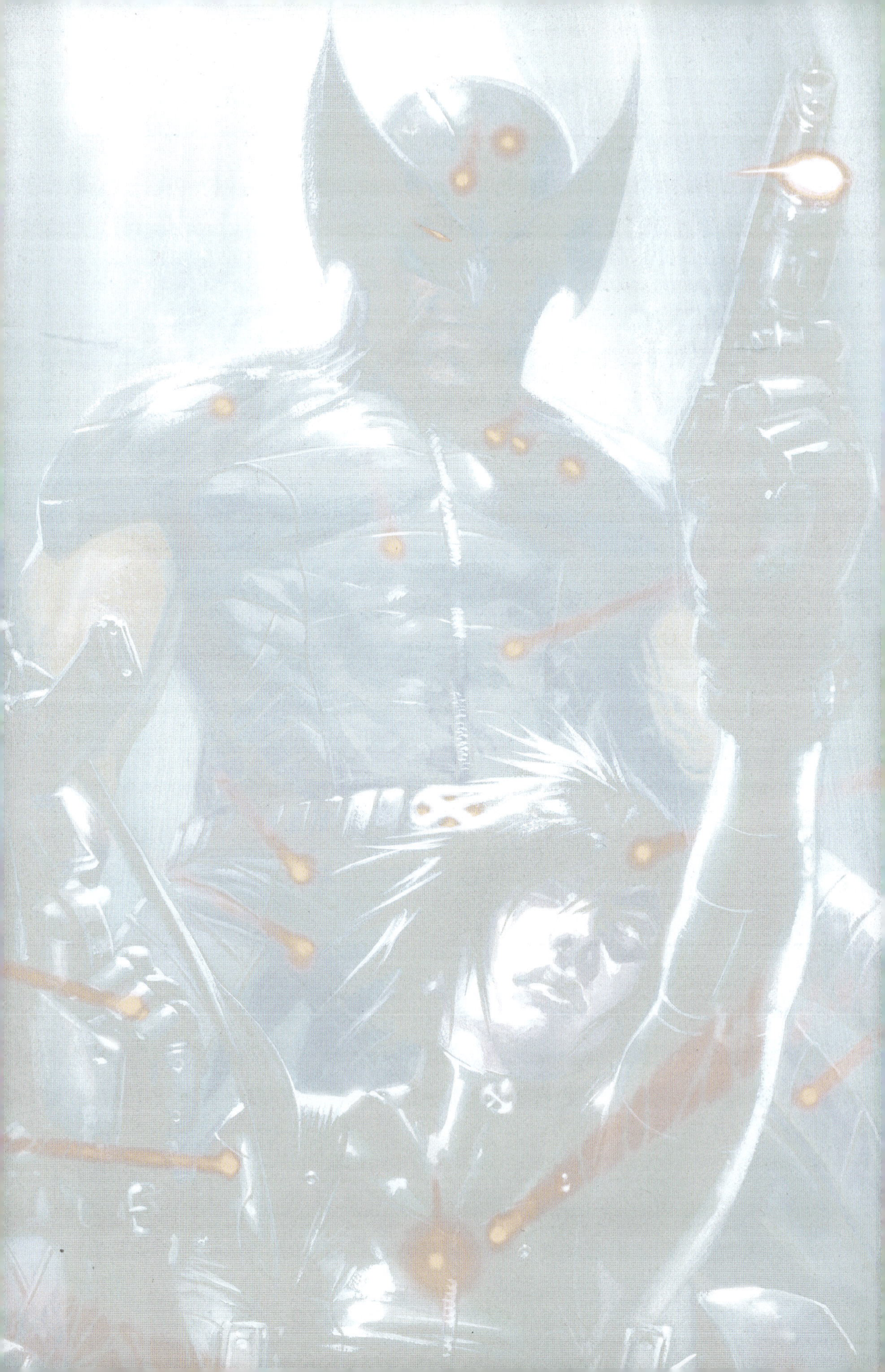

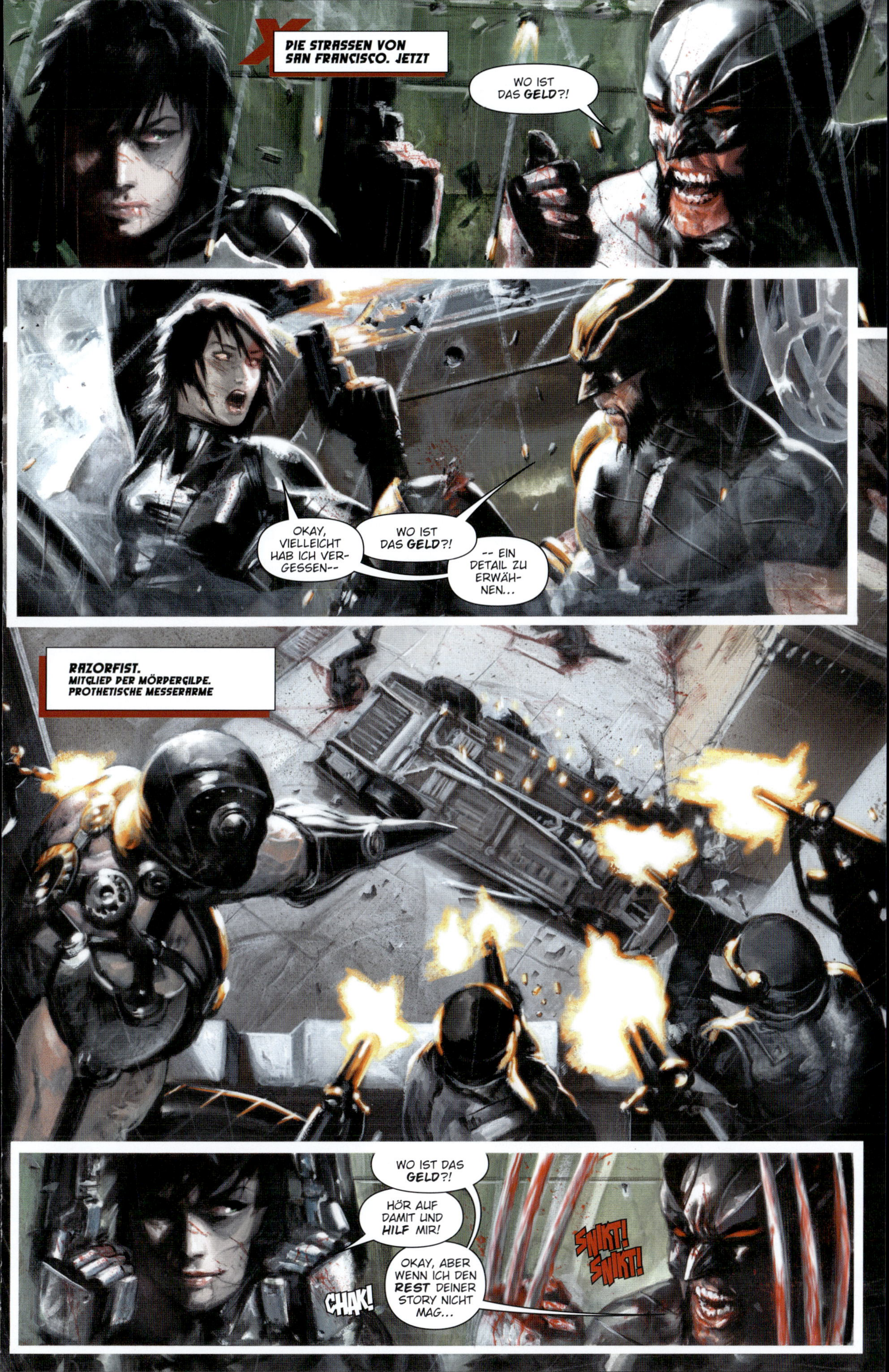

DIE STRASSEN VON SAN FRANCISCO. JETZT

WO IST DAS **GELD**?!

OKAY, VIELLEICHT HAB ICH VERGESSEN--

WO IST DAS **GELD**?!

-- EIN DETAIL ZU ERWÄHNEN...

RAZORFIST.
MITGLIED DER MÖRDERGILDE. PROTHETISCHE MESSERARME

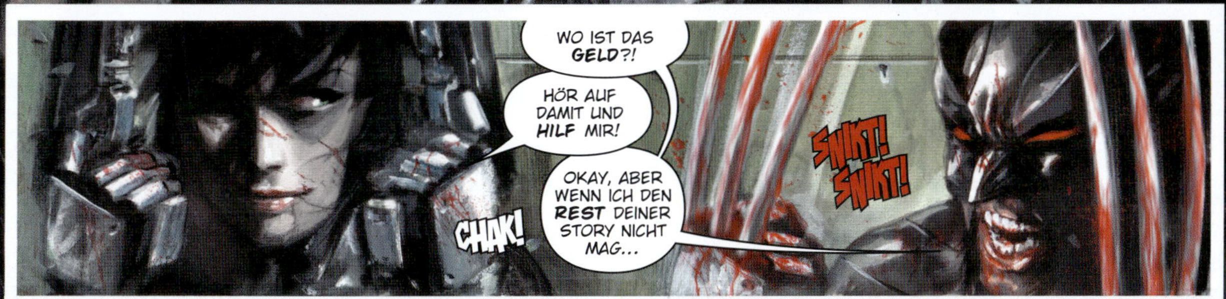

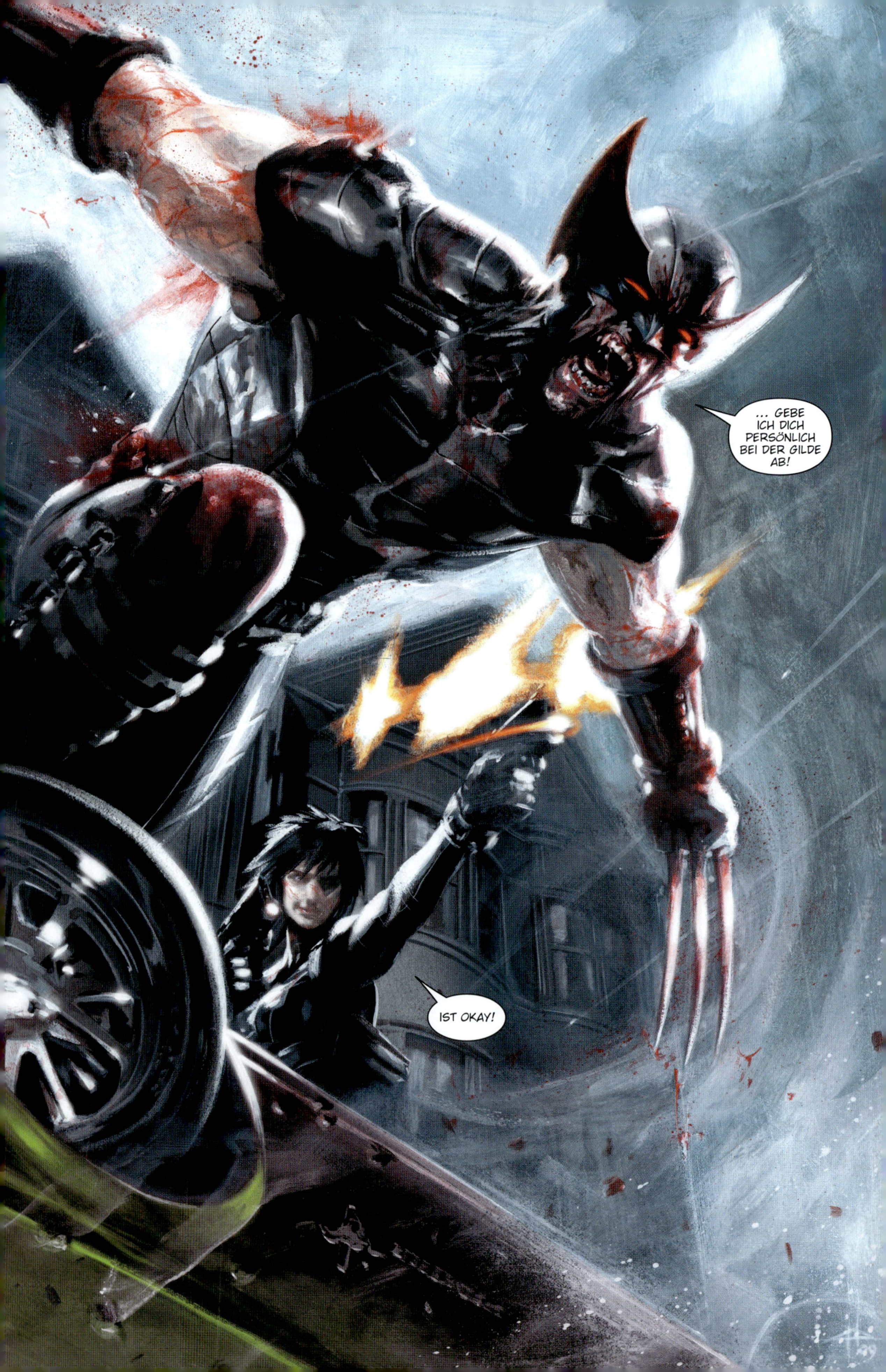
... GEBE ICH DICH PERSÖNLICH BEI DER GILDE AB!
IST OKAY!

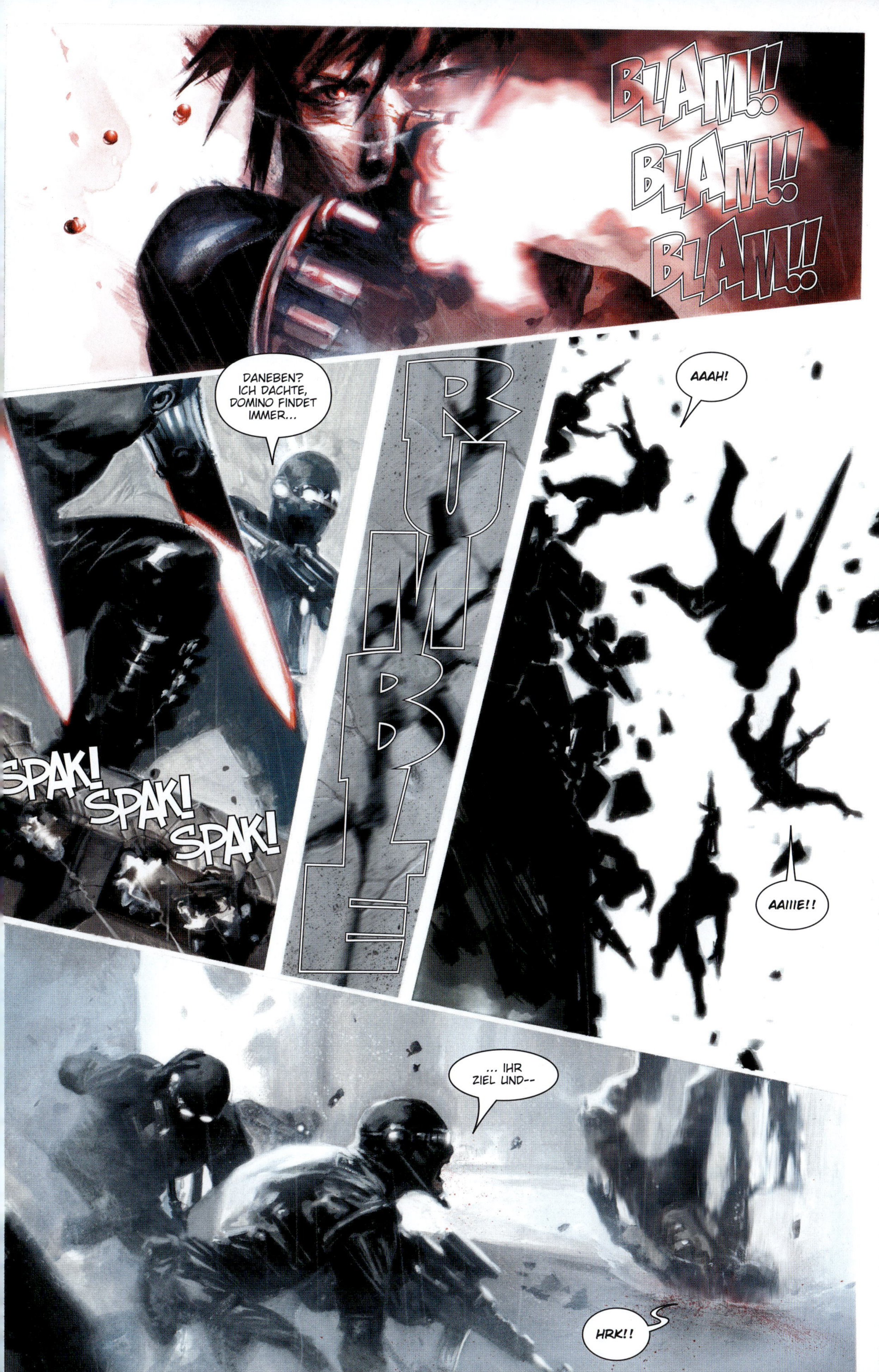
BLAM!!
BLAM!!
BLAM!!
DANEBEN? ICH DACHTE, DOMINO FINDET IMMER...
SPAK!
SPAK!
SPAK!
RUMBLE
AAAH!
AAIIIE!!
... IHR ZIEL UND--
HRK!!

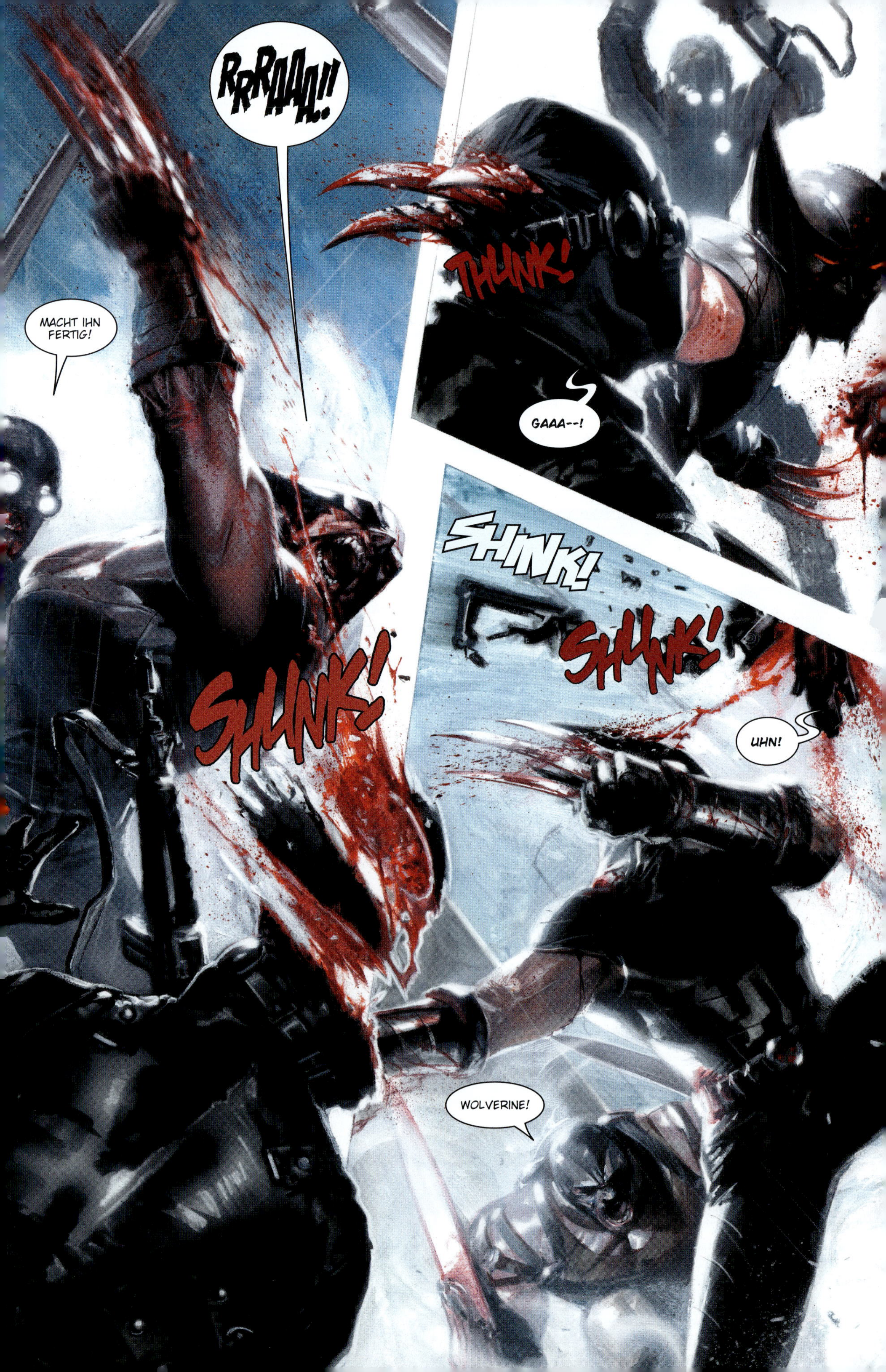
RRRAAAA!!
MACHT IHN FERTIG!
THUNK!
GAAA--!
SHINK!
SHUNK!
SHUNK!
UHN!
WOLVERINE!

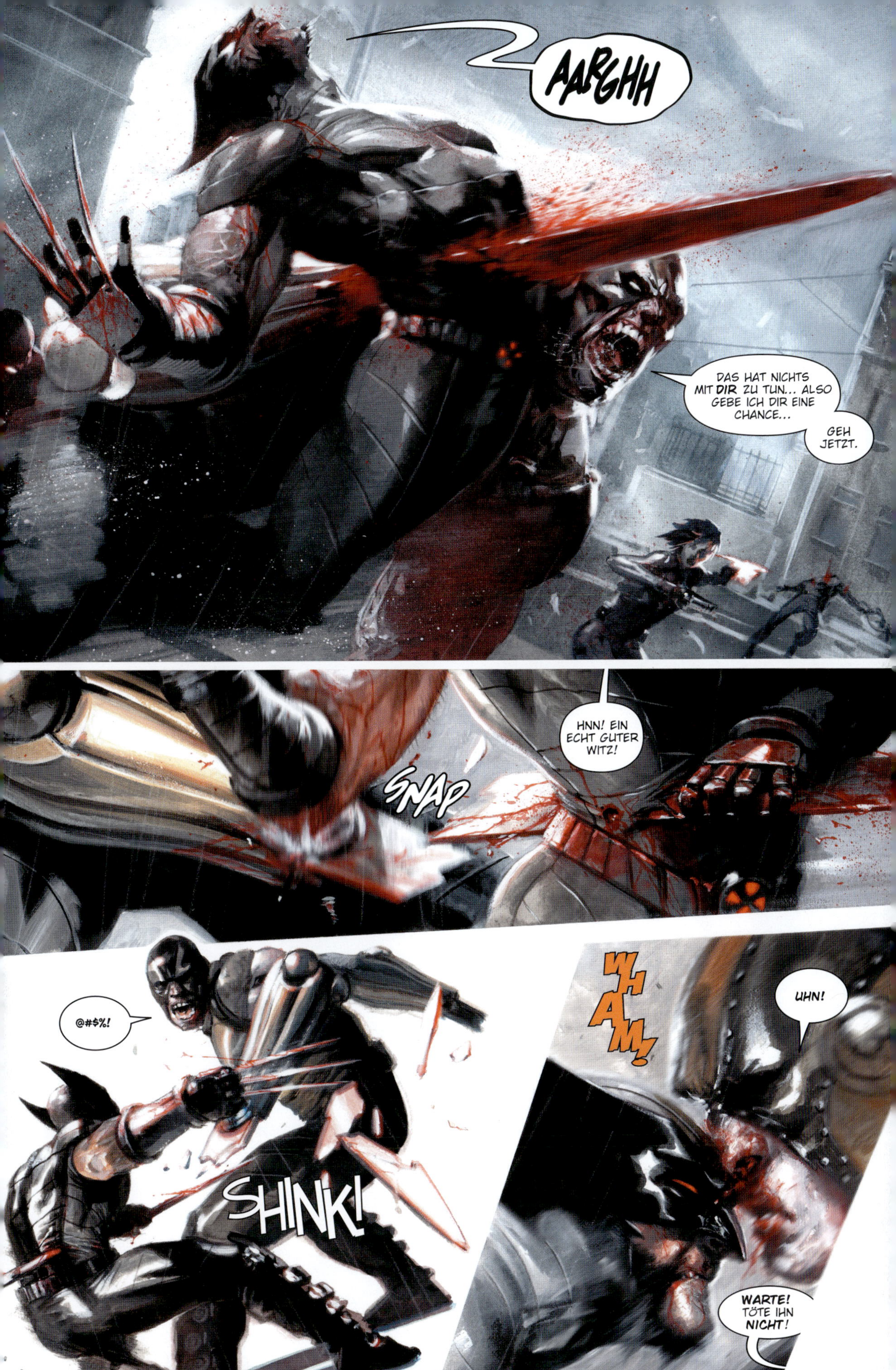
AARGHH
DAS HAT NICHTS MIT **DIR** ZU TUN... ALSO GEBE ICH DIR EINE CHANCE...
GEH JETZT.
HNN! EIN ECHT GUTER WITZ!
SNAP
@#$%!
SHINK!
WHAM!
UHN!
WARTE! TÖTE IHN **NICHT!**

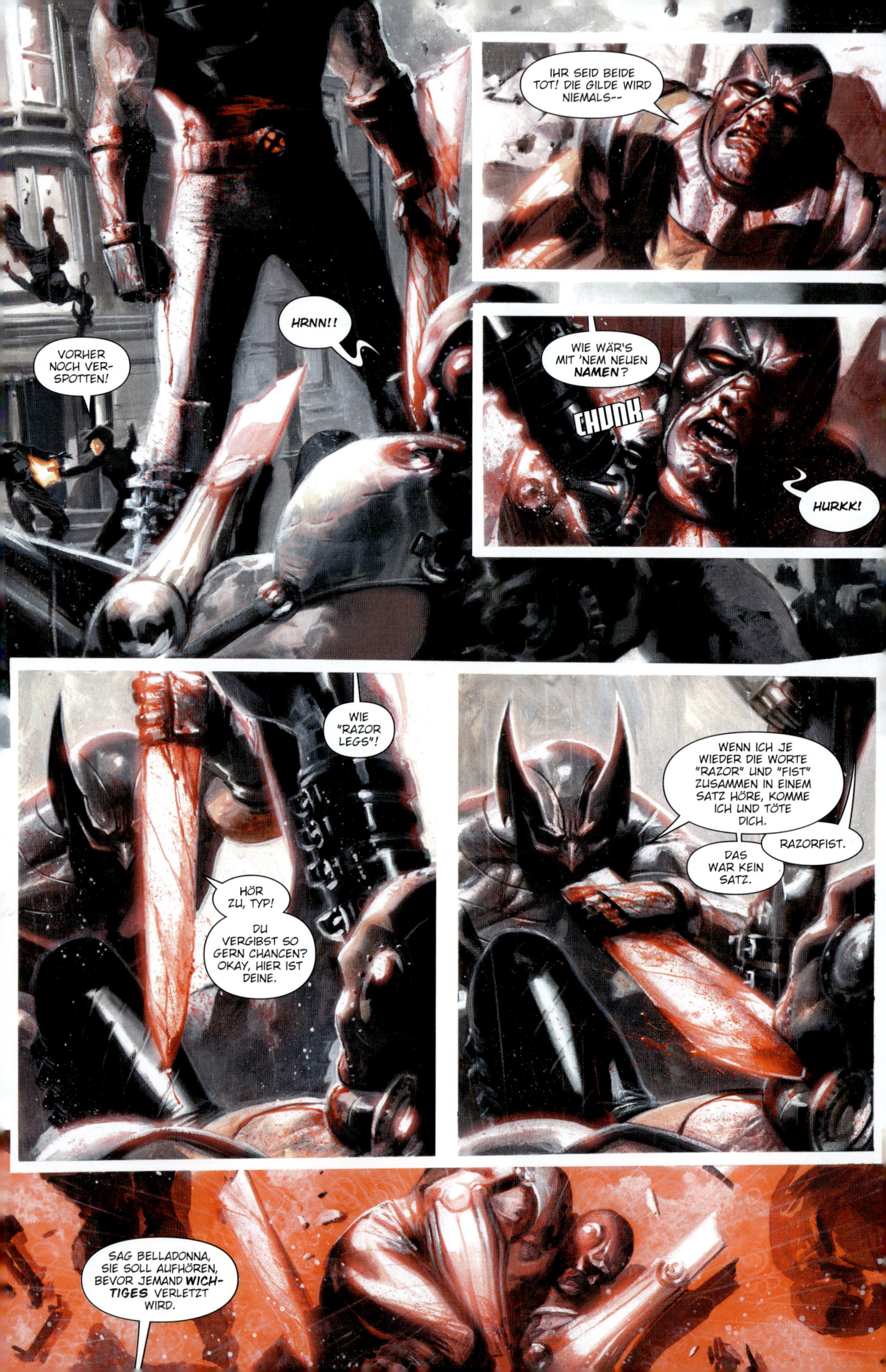

IHR SEID BEIDE TOT! DIE GILDE WIRD NIEMALS--
VORHER NOCH VER-SPOTTEN!
HRNN!!
WIE WÄR'S MIT 'NEM NEUEN **NAMEN**?
CHUNK
HURKK!

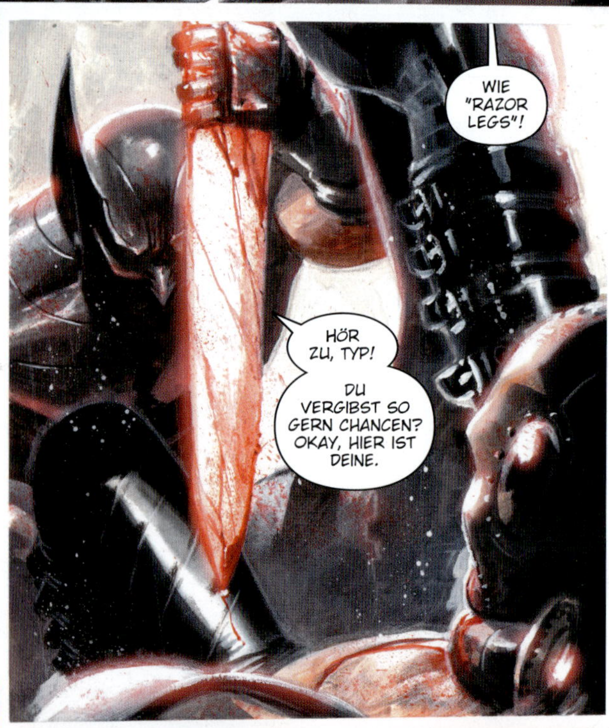

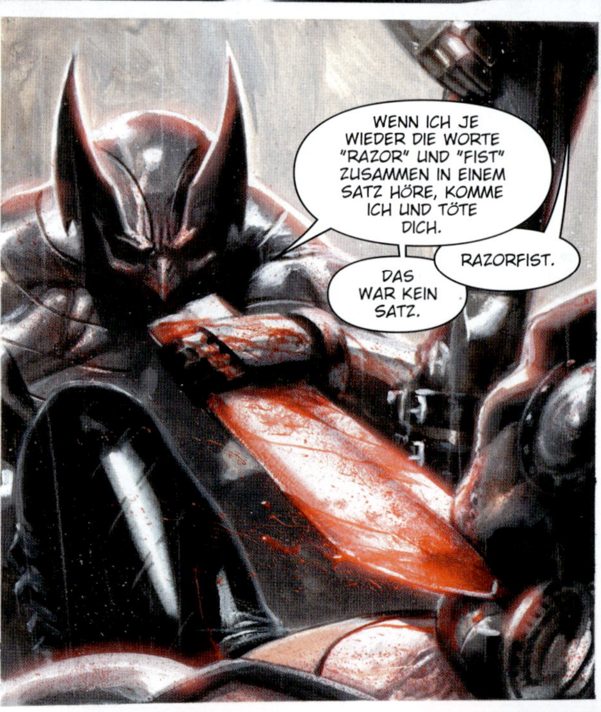

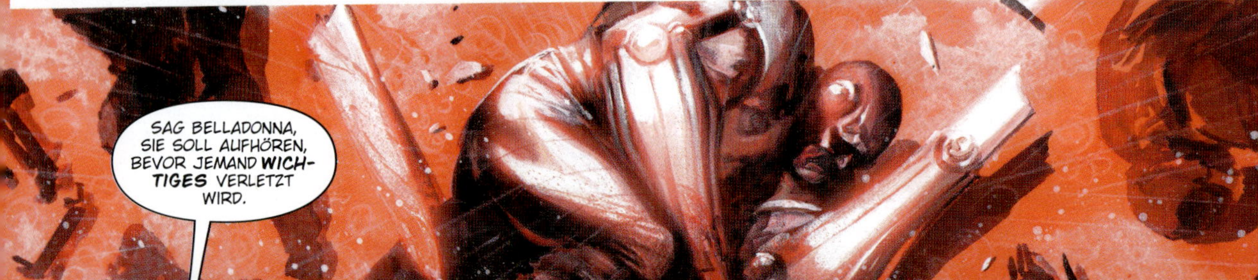

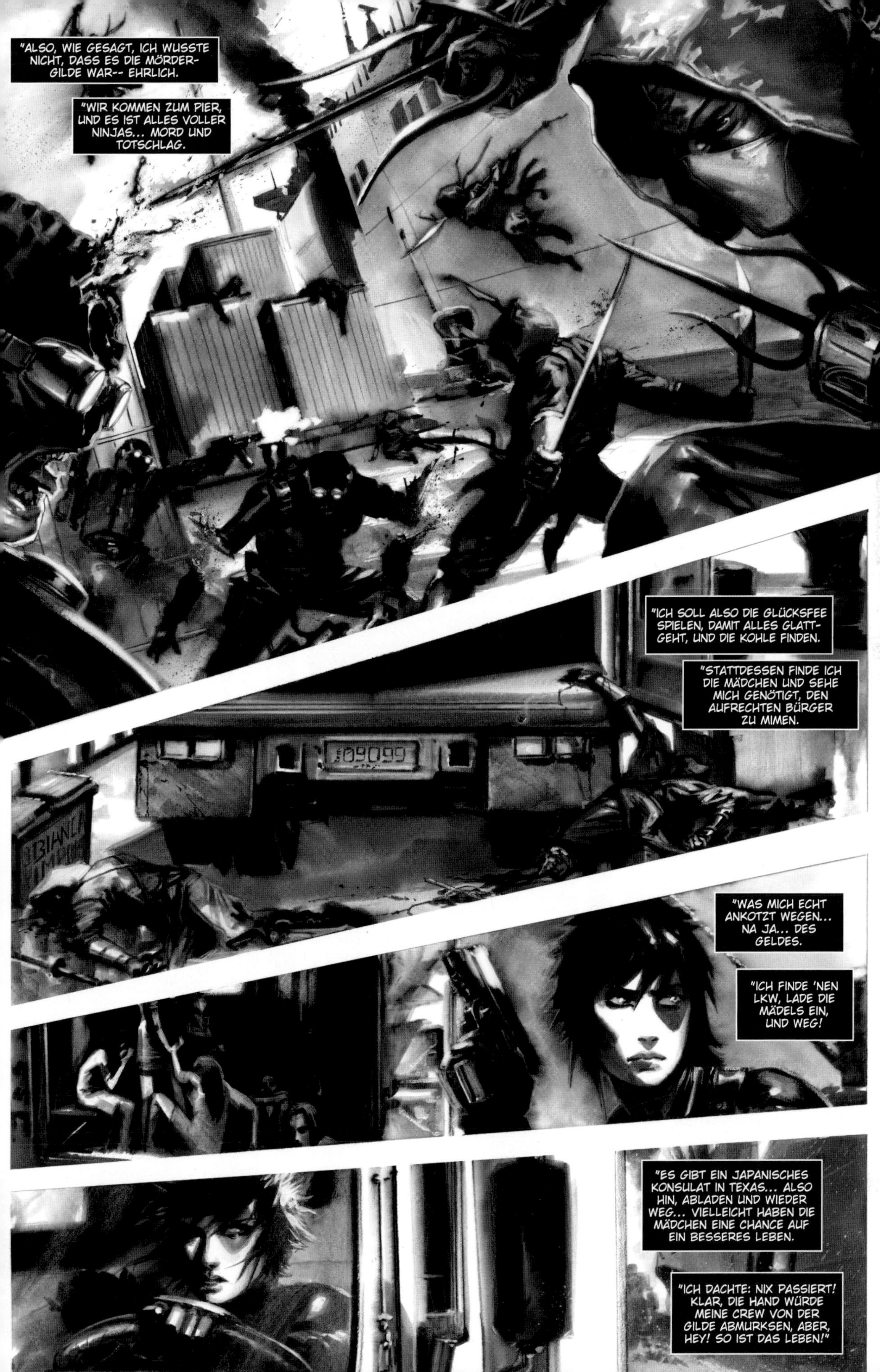
"ALSO, WIE GESAGT, ICH WUSSTE NICHT, DASS ES DIE MÖRDER-GILDE WAR-- EHRLICH.
"WIR KOMMEN ZUM PIER, UND ES IST ALLES VOLLER NINJAS... MORD UND TOTSCHLAG.
"ICH SOLL ALSO DIE GLÜCKSFEE SPIELEN, DAMIT ALLES GLATTGEHT, UND DIE KOHLE FINDEN.
"STATTDESSEN FINDE ICH DIE MÄDCHEN UND SEHE MICH GENÖTIGT, DEN AUFRECHTEN BÜRGER ZU MIMEN.
09099
"WAS MICH ECHT ANKOTZT WEGEN... NA JA... DES GELDES.
"ICH FINDE 'NEN LKW, LADE DIE MÄDELS EIN, UND WEG!
"ES GIBT EIN JAPANISCHES KONSULAT IN TEXAS... ALSO HIN, ABLADEN UND WIEDER WEG... VIELLEICHT HABEN DIE MÄDCHEN EINE CHANCE AUF EIN BESSERES LEBEN.
"ICH DACHTE: NIX PASSIERT! KLAR, DIE HAND WÜRDE MEINE CREW VON DER GILDE ABMURKSEN, ABER, HEY! SO IST DAS LEBEN!"

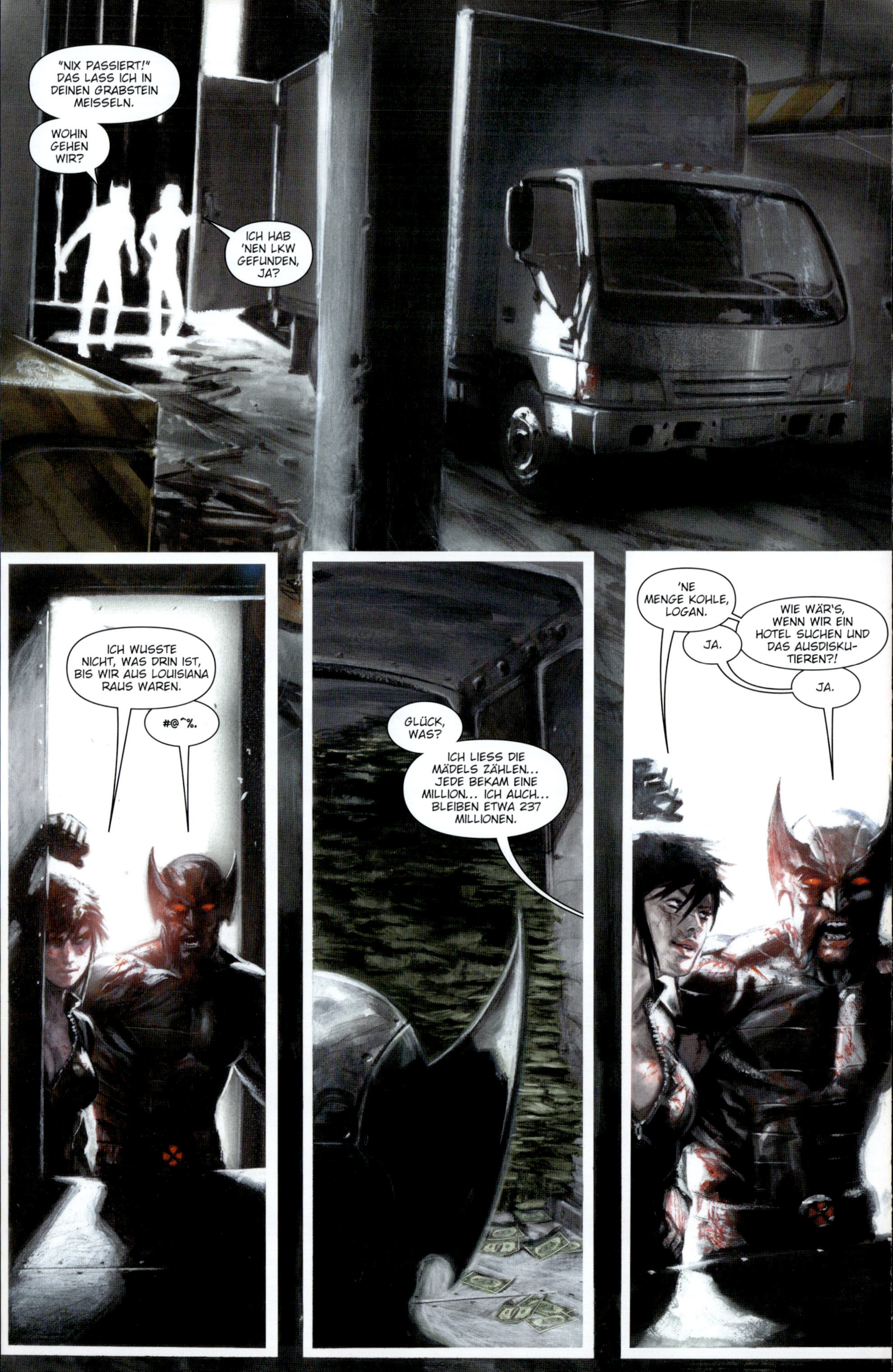

"NIX PASSIERT!" DAS LASS ICH IN DEINEN GRABSTEIN MEISSELN.
WOHIN GEHEN WIR?
ICH HAB 'NEN LKW GEFUNDEN, JA?

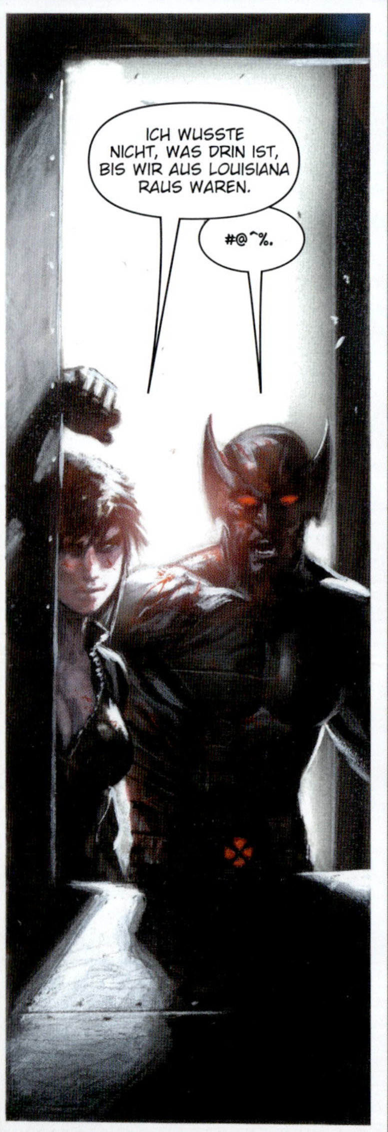

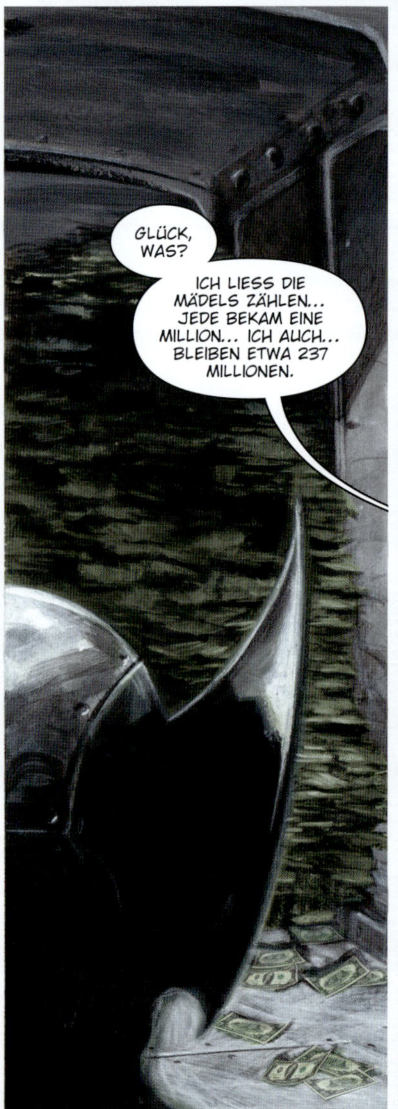

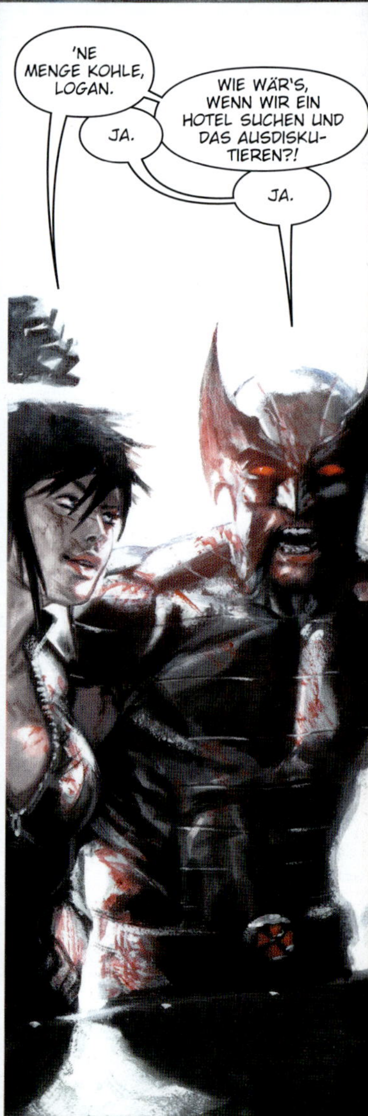

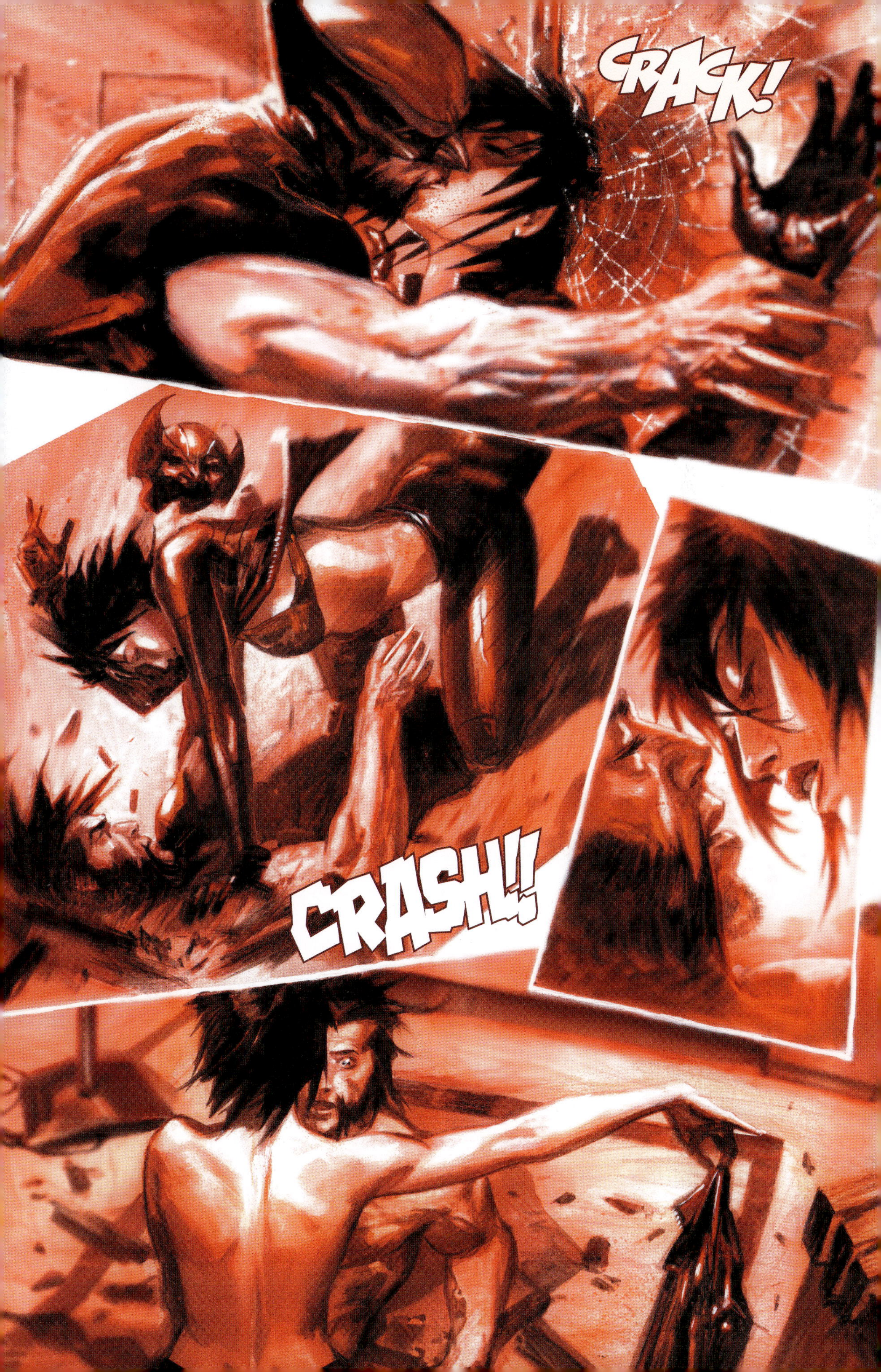
CRACK!
CRASH!!

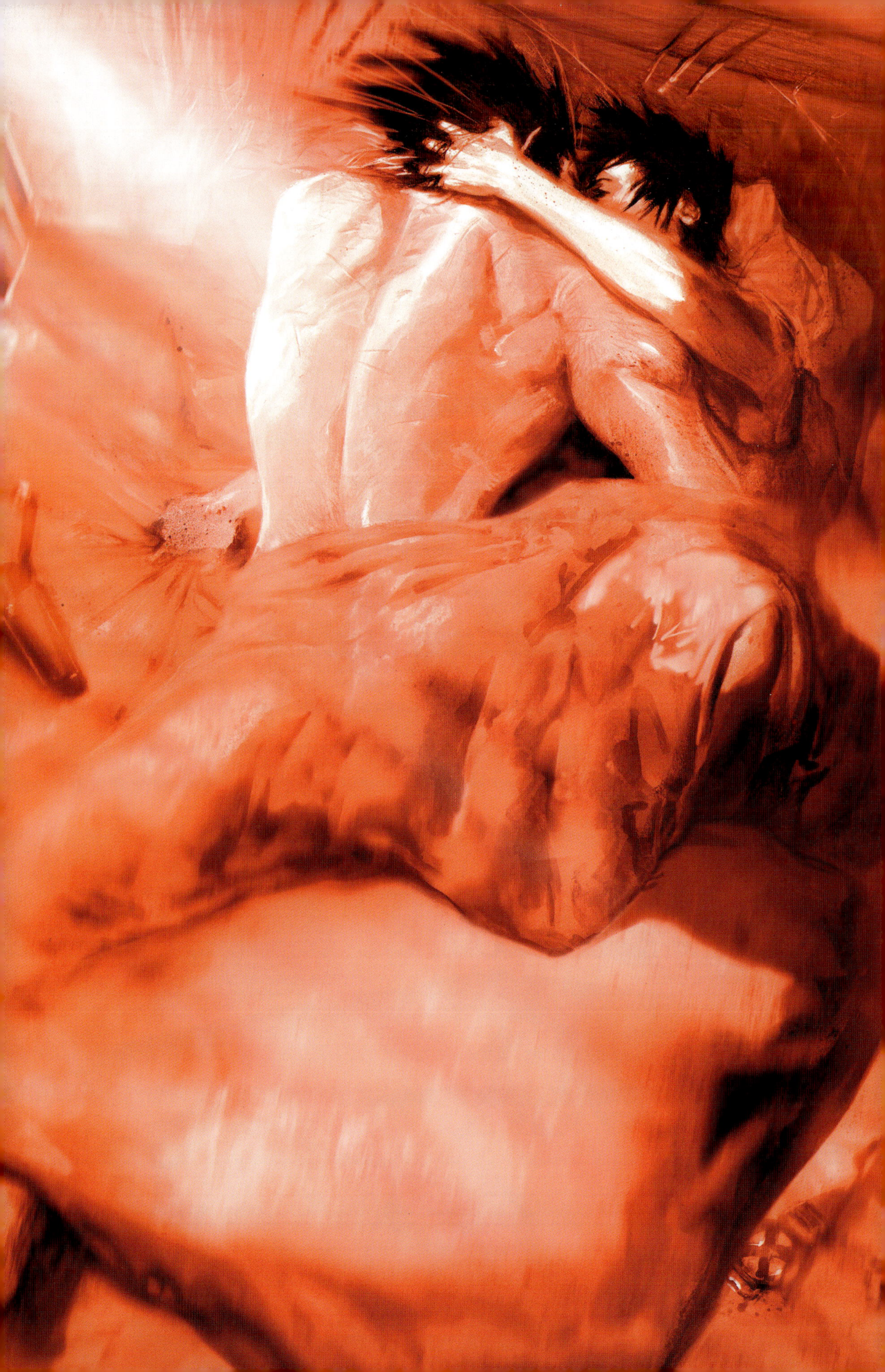

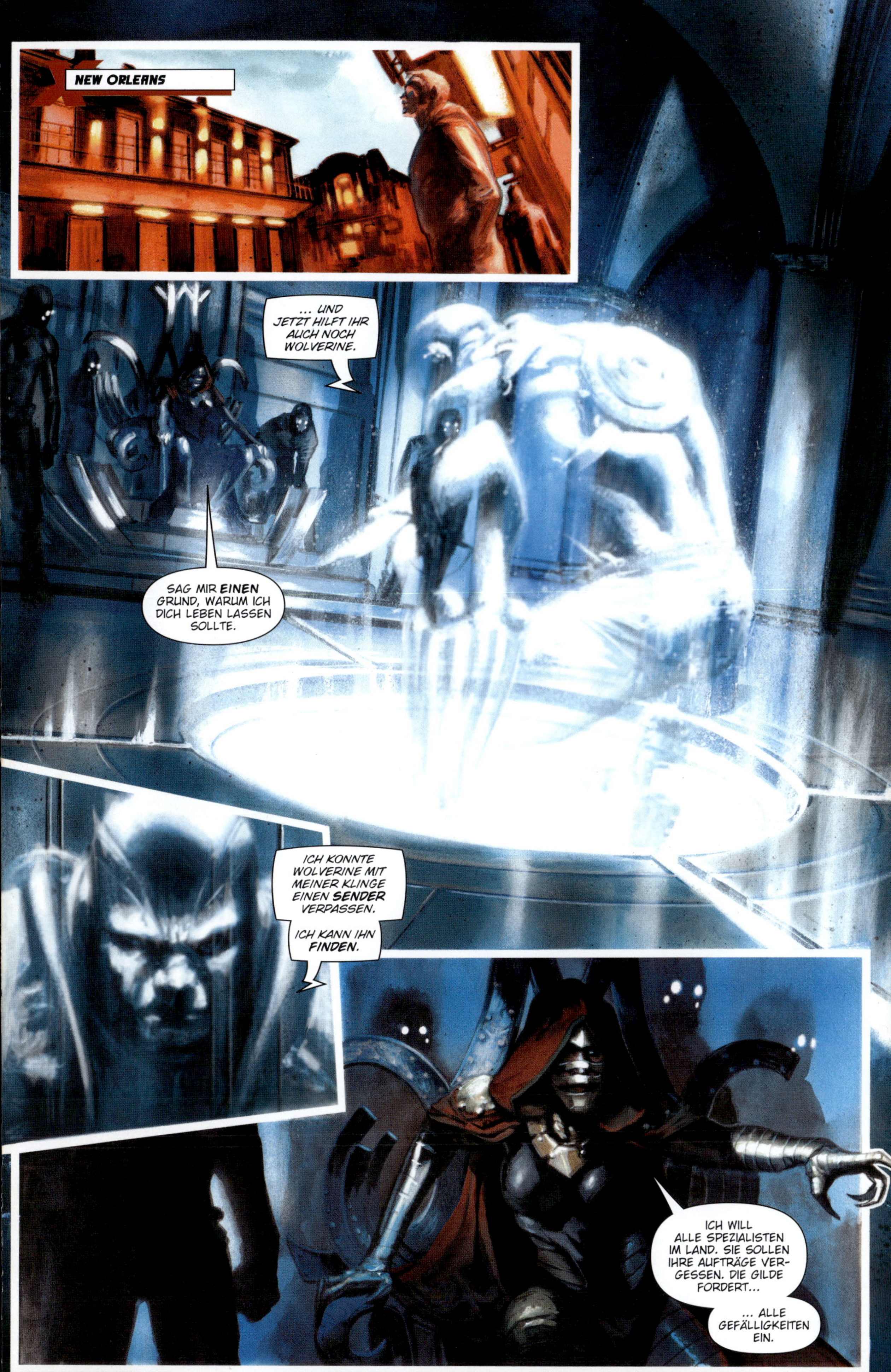
NEW ORLEANS
... UND JETZT HILFT IHR AUCH NOCH WOLVERINE.
SAG MIR EINEN GRUND, WARUM ICH DICH LEBEN LASSEN SOLLTE.
ICH KONNTE WOLVERINE MIT MEINER KLINGE EINEN SENDER VERPASSEN.
ICH KANN IHN FINDEN.
ICH WILL ALLE SPEZIALISTEN IM LAND. SIE SOLLEN IHRE AUFTRÄGE VERGESSEN. DIE GILDE FORDERT...
... ALLE GEFÄLLIGKEITEN EIN.

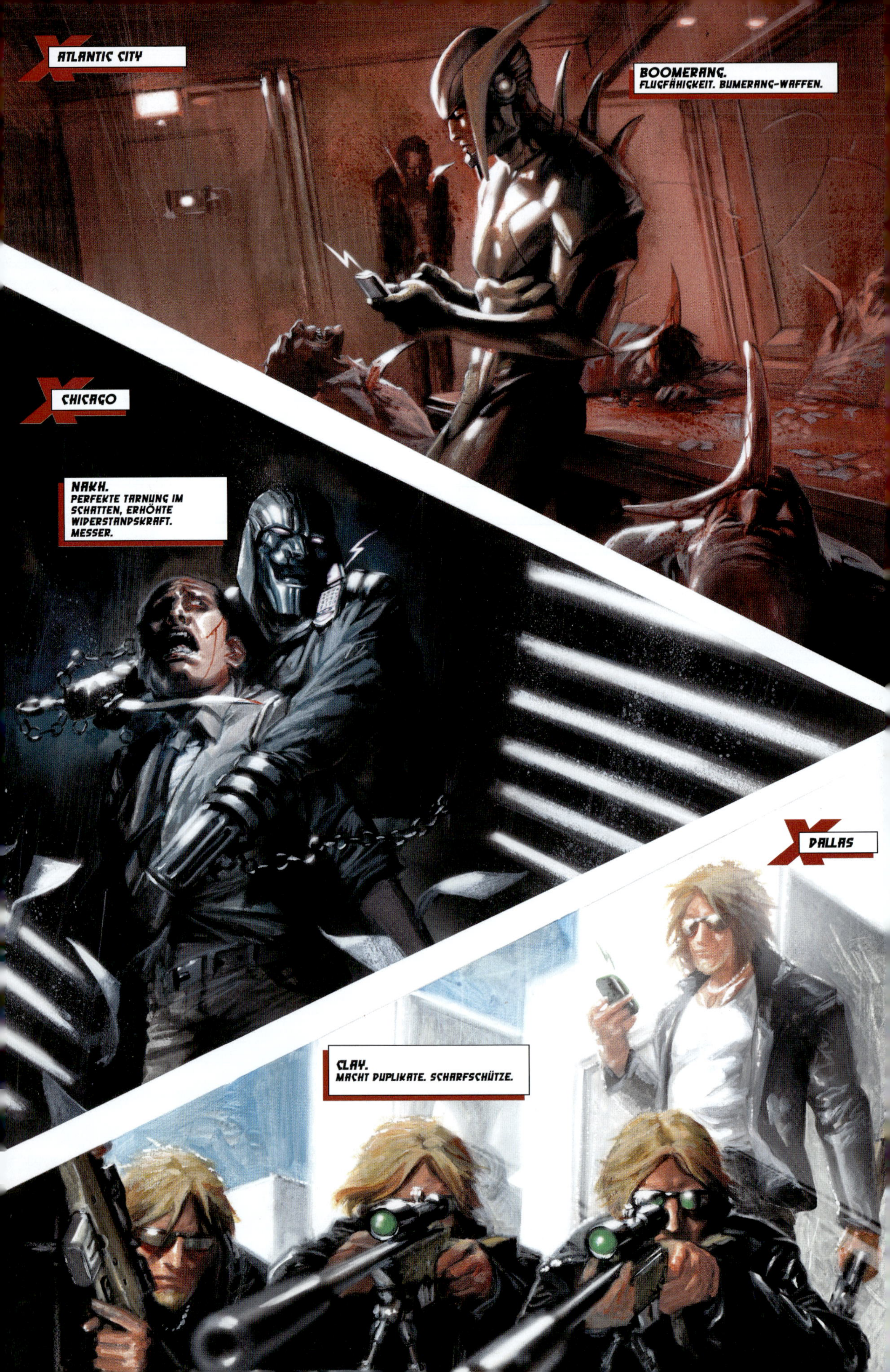
ATLANTIC CITY
BOOMERANG.
FLUGFÄHIGKEIT. BUMERANG-WAFFEN.
CHICAGO
NAKH.
PERFEKTE TARNUNG IM SCHATTEN, ERHÖHTE WIDERSTANDSKRAFT. MESSER.
DALLAS
CLAY.
MACHT DUPLIKATE. SCHARFSCHÜTZE.

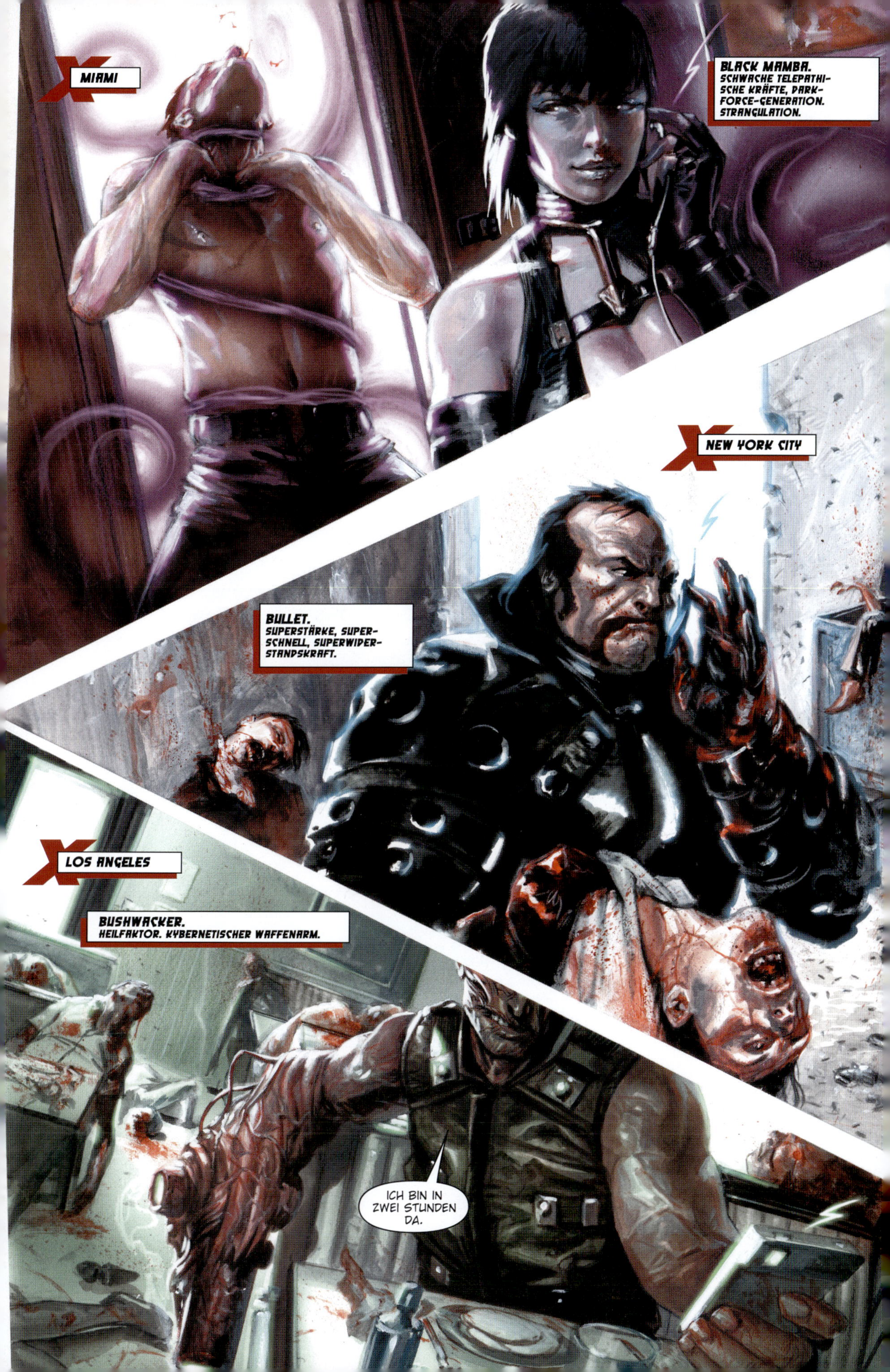
MIAMI
BLACK MAMBA.
SCHWACHE TELEPATHISCHE KRÄFTE, DARKFORCE-GENERATION. STRANGULATION.
NEW YORK CITY
BULLET.
SUPERSTÄRKE, SUPERSCHNELL, SUPERWIDERSTANDSKRAFT.
LOS ANGELES
BUSHWACKER.
HEILFAKTOR. KYBERNETISCHER WAFFENARM.
ICH BIN IN ZWEI STUNDEN DA.

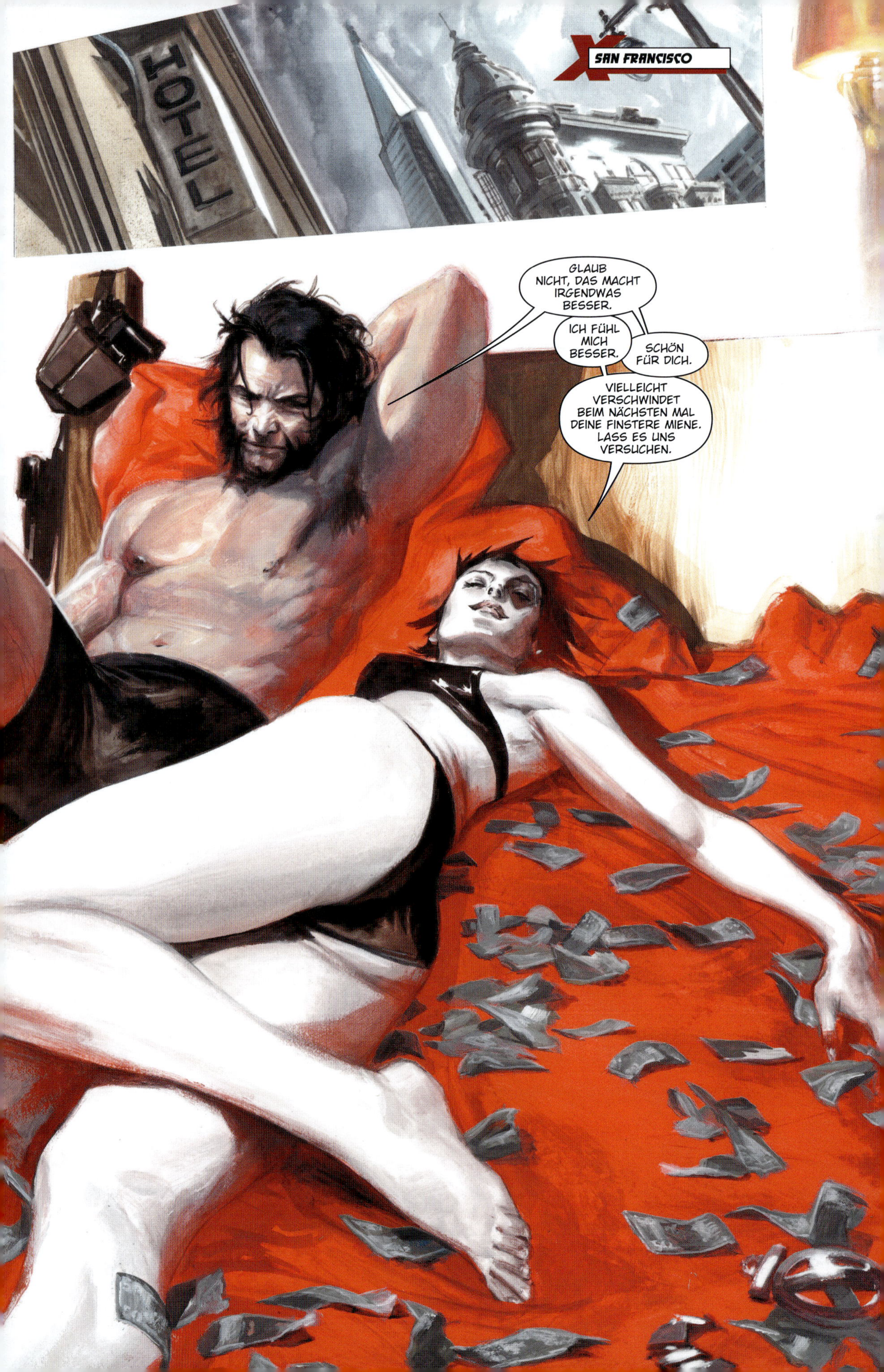
HOTEL
SAN FRANCISCO
GLAUB NICHT, DAS MACHT IRGENDWAS BESSER.
ICH FÜHL MICH BESSER.
SCHÖN FÜR DICH.
VIELLEICHT VERSCHWINDET BEIM NÄCHSTEN MAL DEINE FINSTERE MIENE. LASS ES UNS VERSUCHEN.

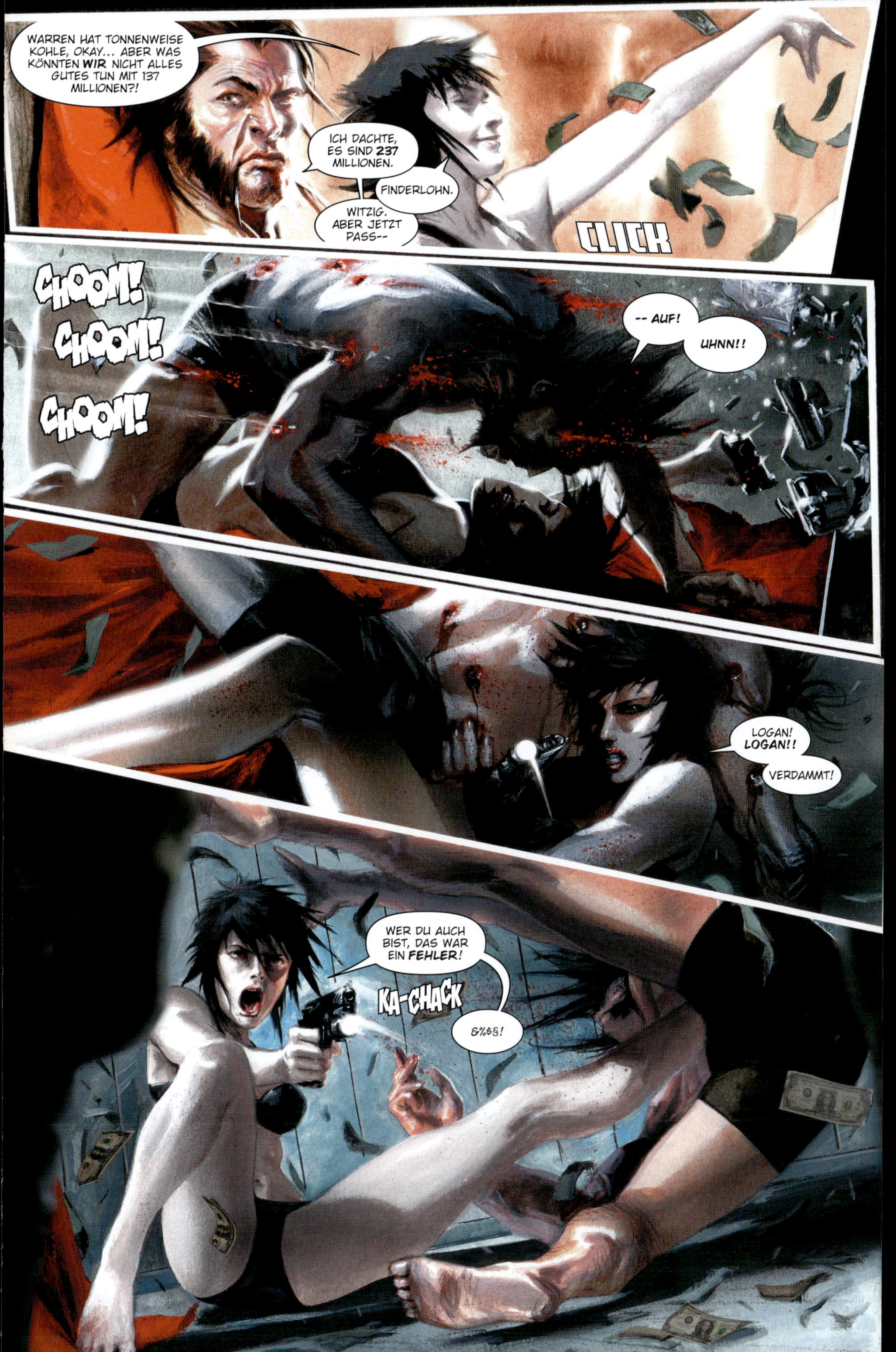
WARREN HAT TONNENWEISE KOHLE, OKAY... ABER WAS KÖNNTEN WIR NICHT ALLES GUTES TUN MIT 137 MILLIONEN?!
ICH DACHTE, ES SIND 237 MILLIONEN.
FINDERLOHN.
WITZIG. ABER JETZT PASS--
CLICK
CHOOM!
CHOOM!
CHOOM!
-- AUF!
UHNN!!
LOGAN! LOGAN!!
VERDAMMT!
WER DU AUCH BIST, DAS WAR EIN FEHLER!
KA-CHACK
&%$§!

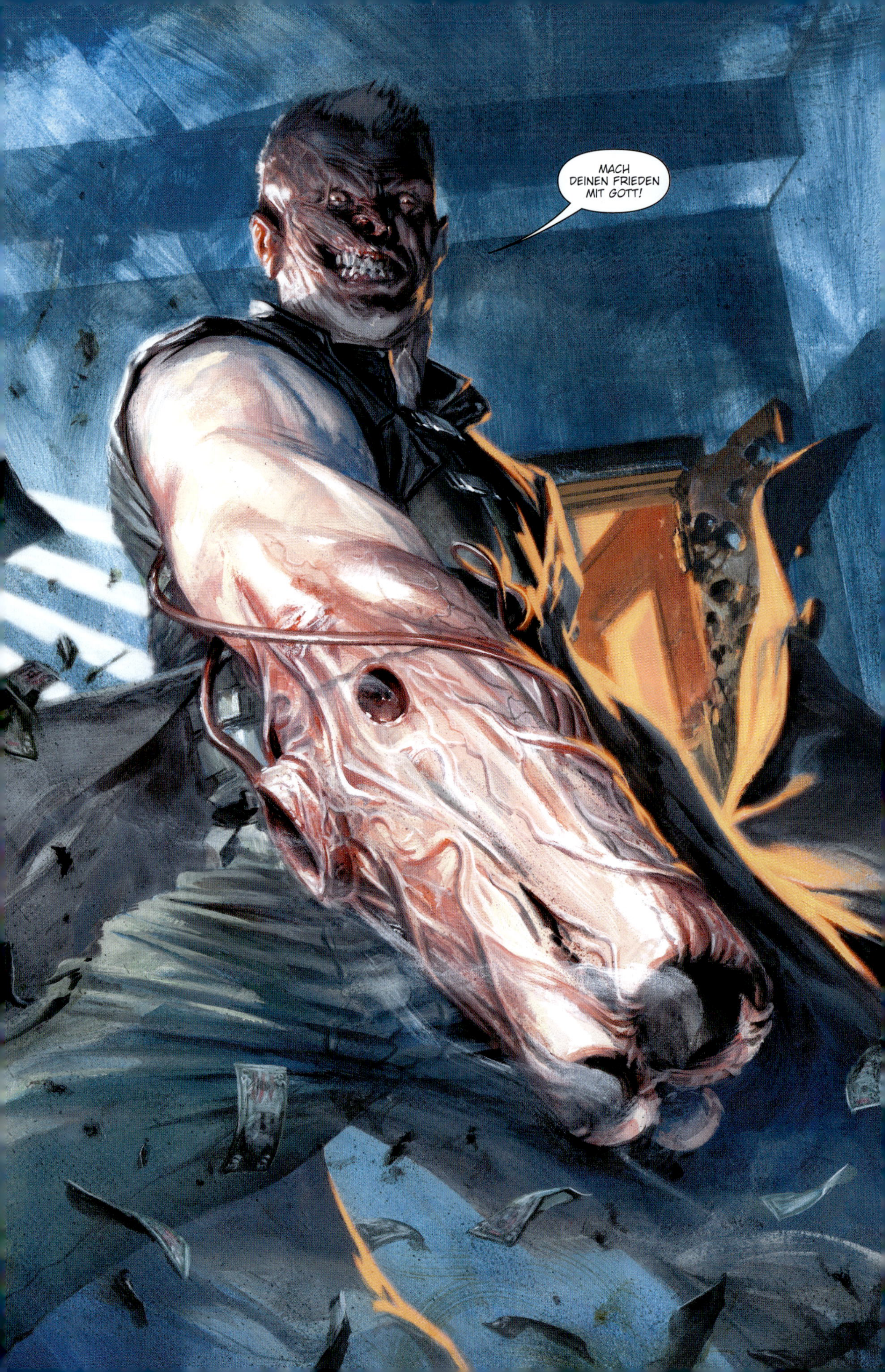
MACH DEINEN FRIEDEN MIT GOTT!

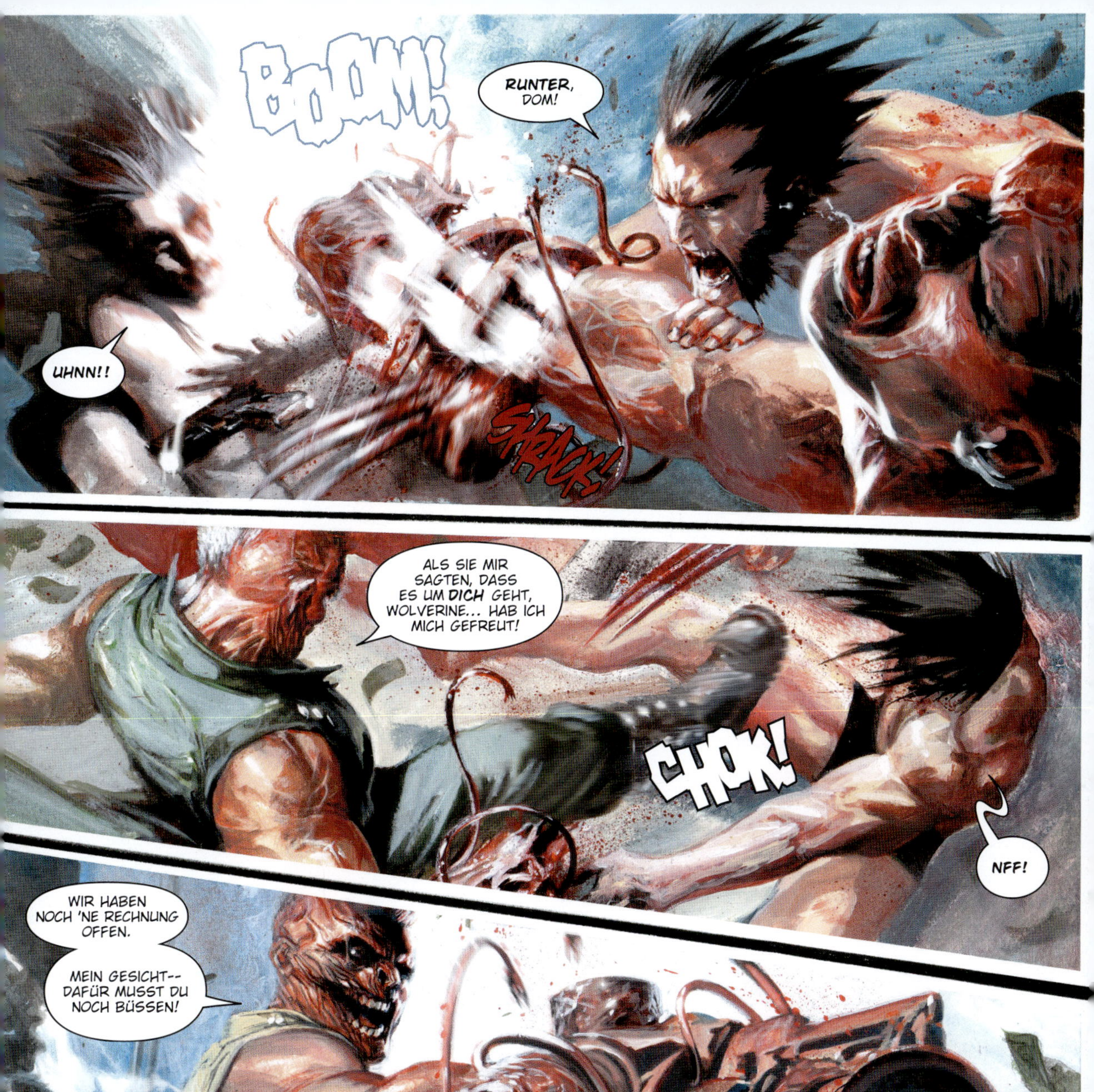
BOOM!
RUNTER, DOM!
UHNN!!
SHRACK!
ALS SIE MIR SAGTEN, DASS ES UM DICH GEHT, WOLVERINE... HAB ICH MICH GEFREUT!
CHOK!
NFF!
WIR HABEN NOCH 'NE RECHNUNG OFFEN.
MEIN GESICHT-- DAFÜR MUSST DU NOCH BÜSSEN!
BUDDABUDDABUDDABUDDA!!
MANN... JEDER HASST DICH, LOGAN.
KLAPPE! SCHIESS ENDLICH!

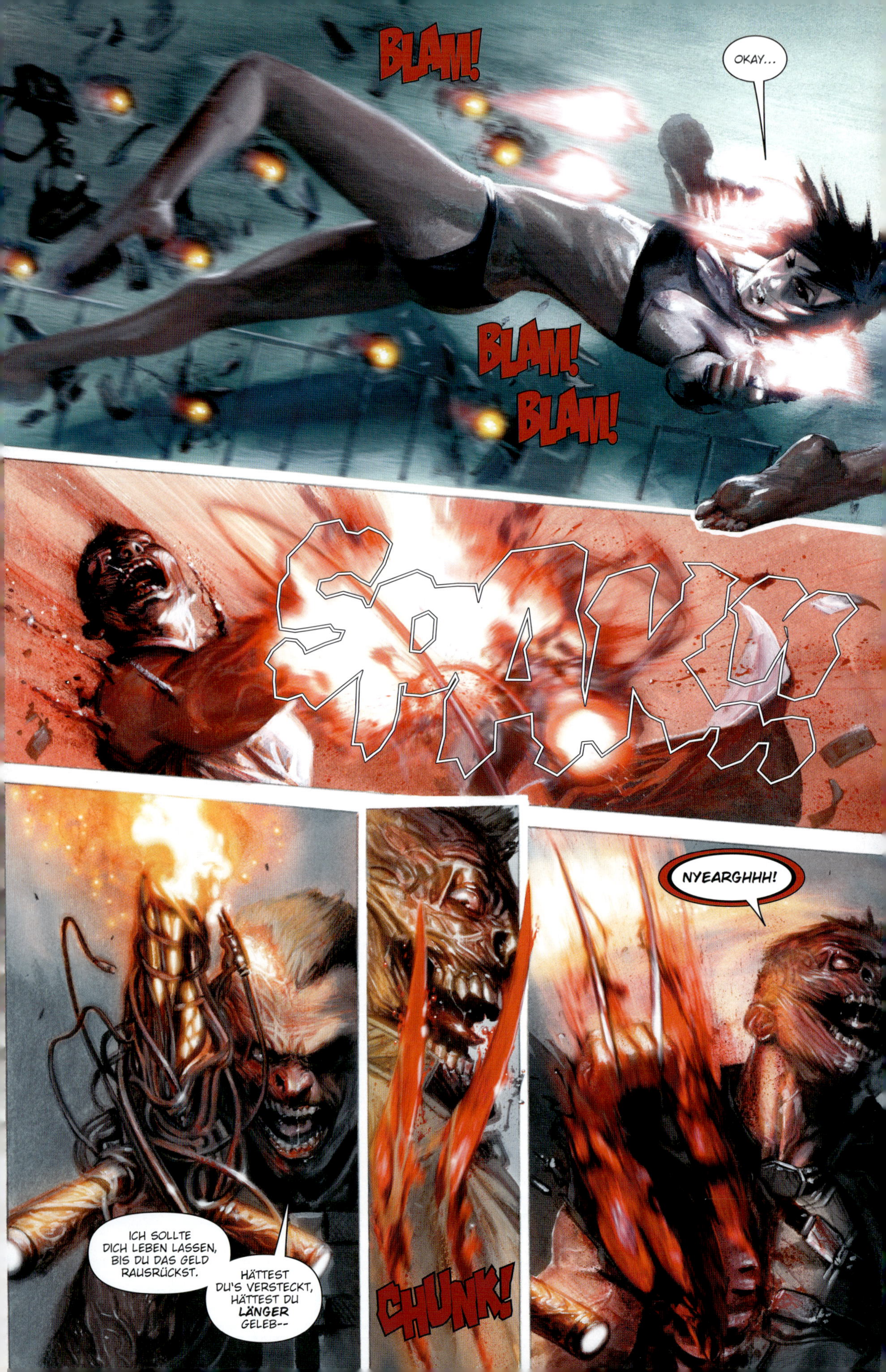
BLAM!
OKAY...
BLAM!
BLAM!
NYEARGHHH!
ICH SOLLTE DICH LEBEN LASSEN, BIS DU DAS GELD RAUSRÜCKST.
HÄTTEST DU'S VERSTECKT, HÄTTEST DU **LÄNGER** GELEB--
CHUNK!

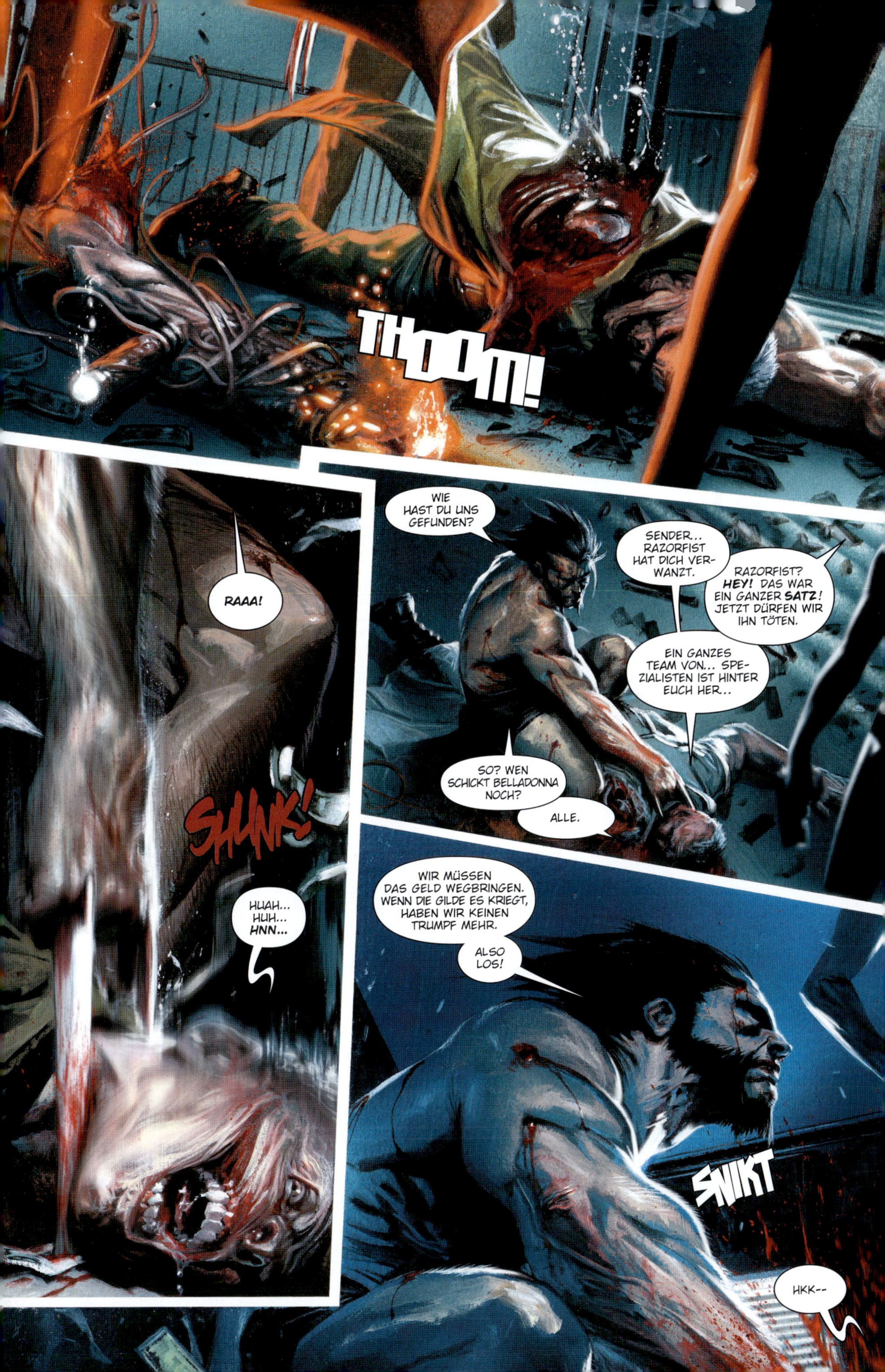
THOOM!
RAAA!
SHUNK!
HUAH... HUH... HNN...
WIE HAST DU UNS GEFUNDEN?
SENDER.. RAZORFIST HAT DICH VERWANZT.
RAZORFIST? HEY! DAS WAR EIN GANZER SATZ! JETZT DÜRFEN WIR IHN TÖTEN.
EIN GANZES TEAM VON... SPEZIALISTEN IST HINTER EUCH HER..
SO? WEN SCHICKT BELLADONNA NOCH?
ALLE.
WIR MÜSSEN DAS GELD WEGBRINGEN. WENN DIE GILDE ES KRIEGT, HABEN WIR KEINEN TRUMPF MEHR.
ALSO LOS!
SNIKT
HKK--

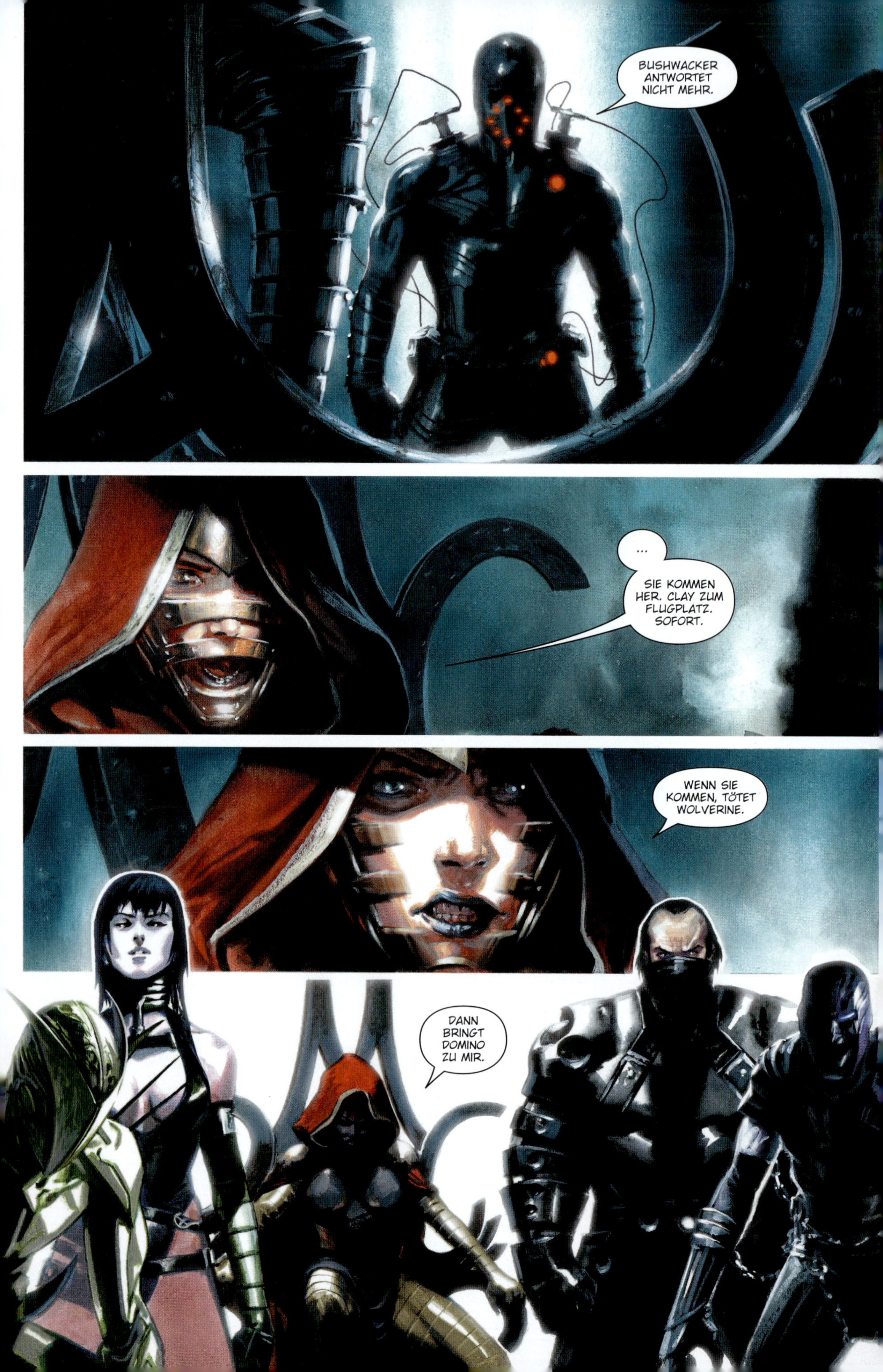

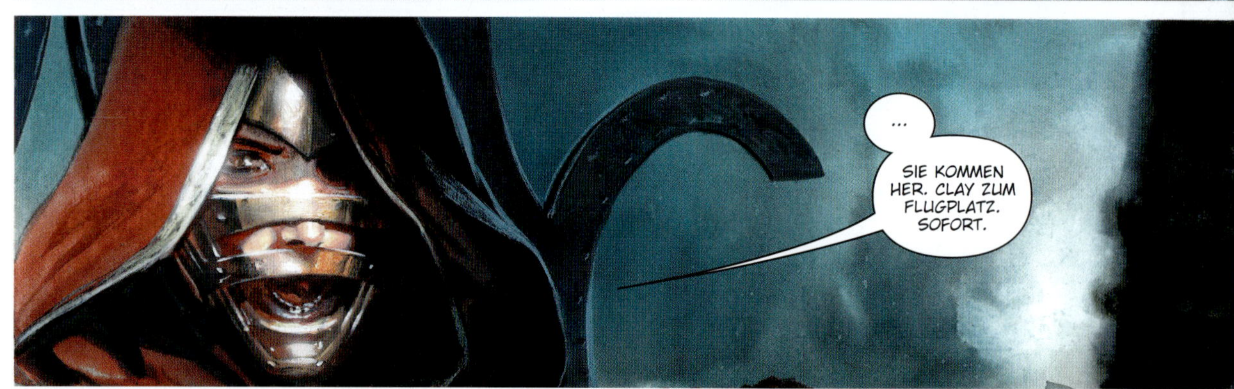
BUSHWACKER ANTWORTET NICHT MEHR.
...
SIE KOMMEN HER. CLAY ZUM FLUGPLATZ. SOFORT.
WENN SIE KOMMEN, TÖTET WOLVERINE.
DANN BRINGT DOMINO ZU MIR.

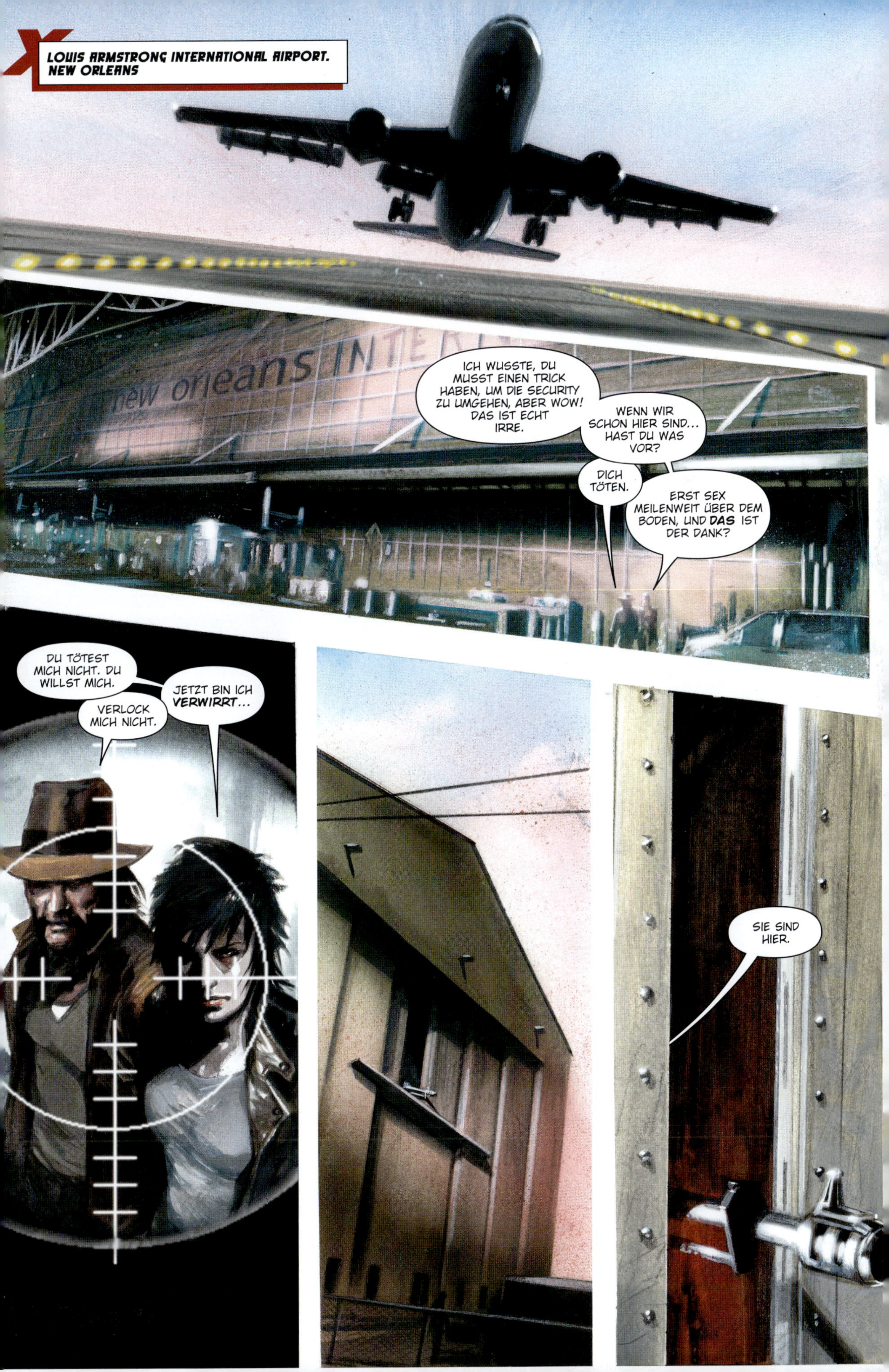
LOUIS ARMSTRONG INTERNATIONAL AIRPORT. NEW ORLEANS
new orleans INTER
ICH WUSSTE, DU MUSST EINEN TRICK HABEN, UM DIE SECURITY ZU UMGEHEN, ABER WOW! DAS IST ECHT IRRE.
WENN WIR SCHON HIER SIND... HAST DU WAS VOR?
DICH TÖTEN.
ERST SEX MEILENWEIT ÜBER DEM BODEN, UND DAS IST DER DANK?
DU TÖTEST MICH NICHT. DU WILLST MICH.
JETZT BIN ICH VERWIRRT...
VERLOCK MICH NICHT.
SIE SIND HIER.

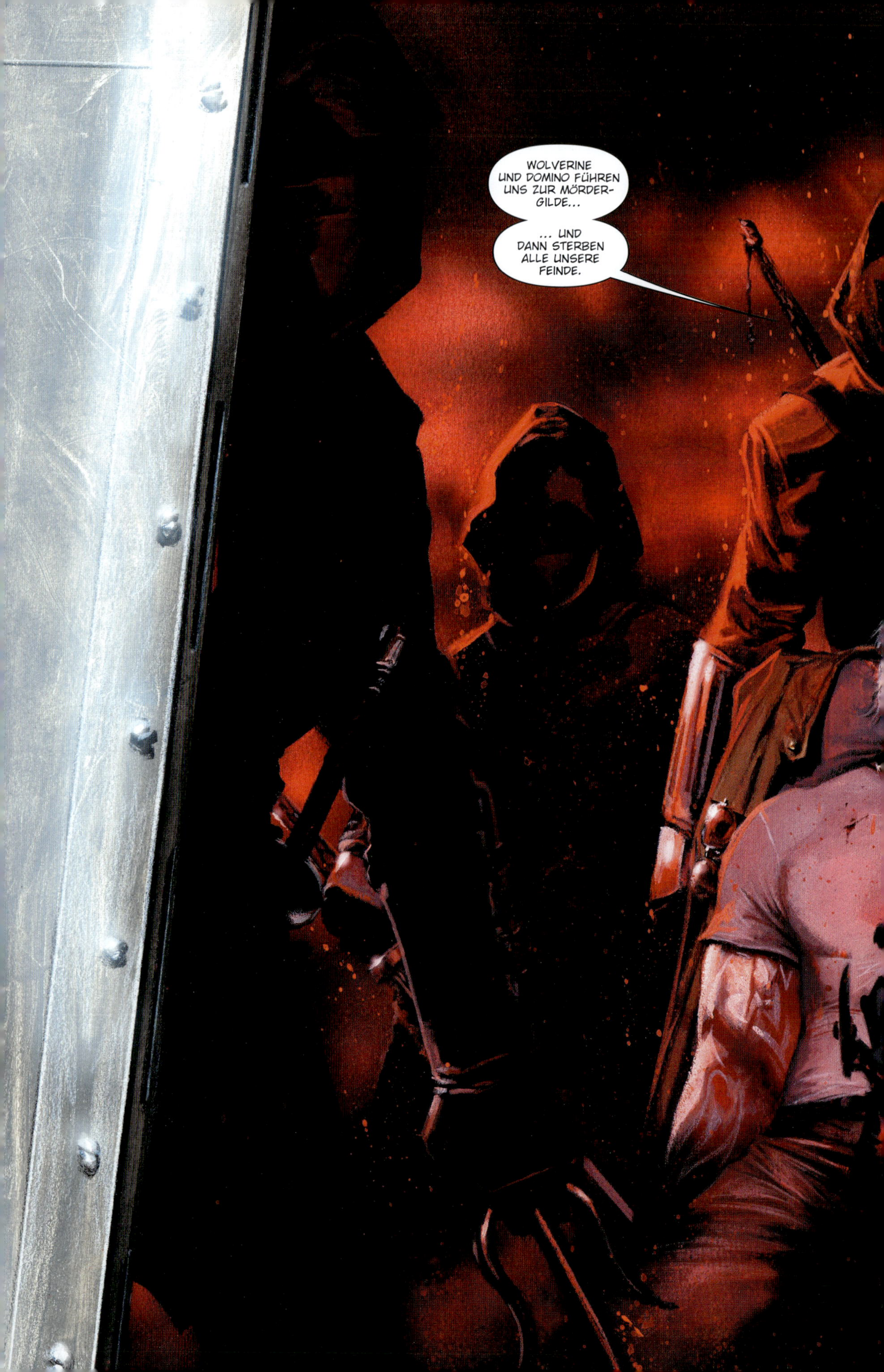
WOLVERINE UND DOMINO FÜHREN UNS ZUR MÖRDER-GILDE...
... UND DANN STERBEN ALLE UNSERE FEINDE.

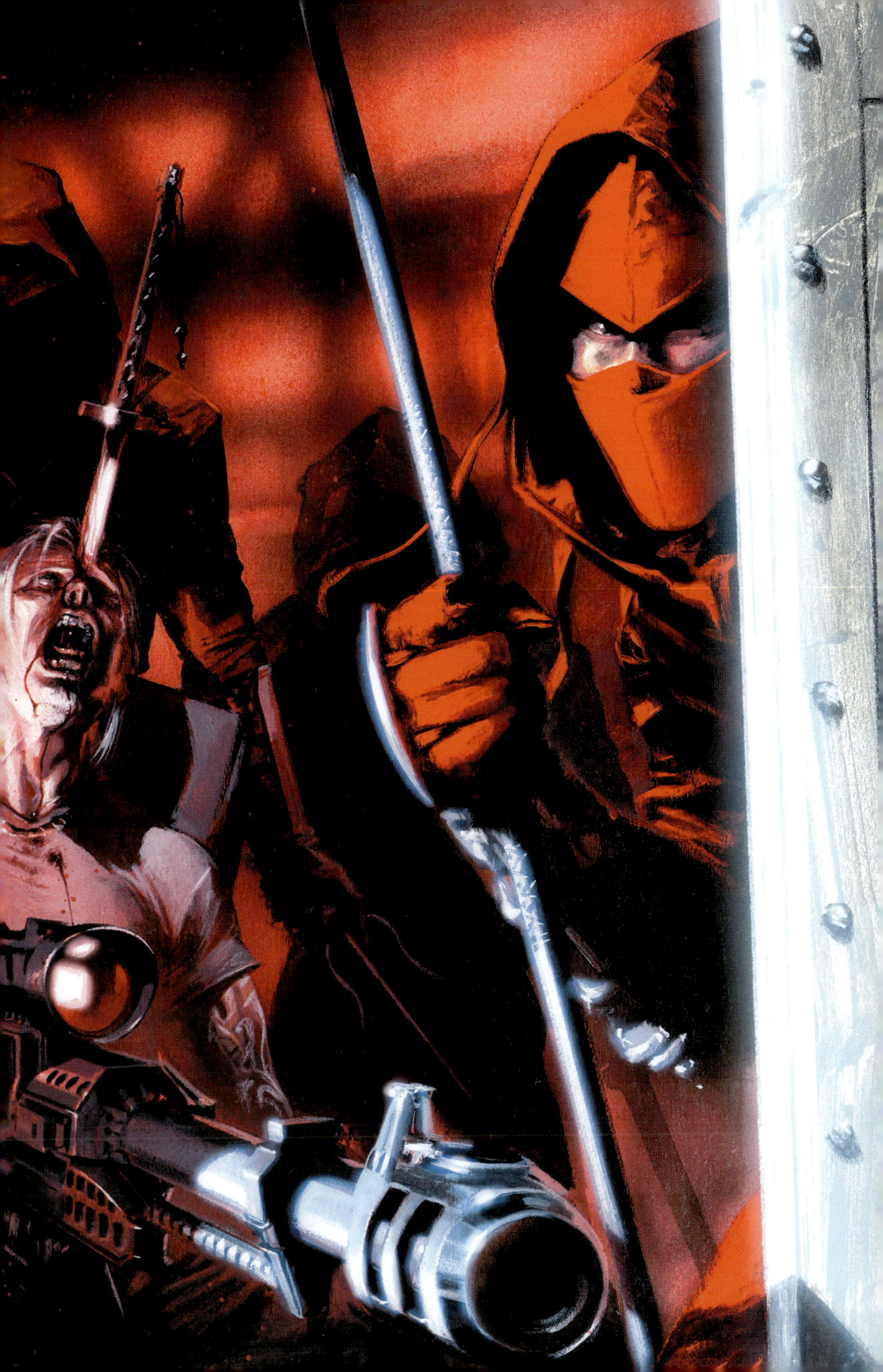

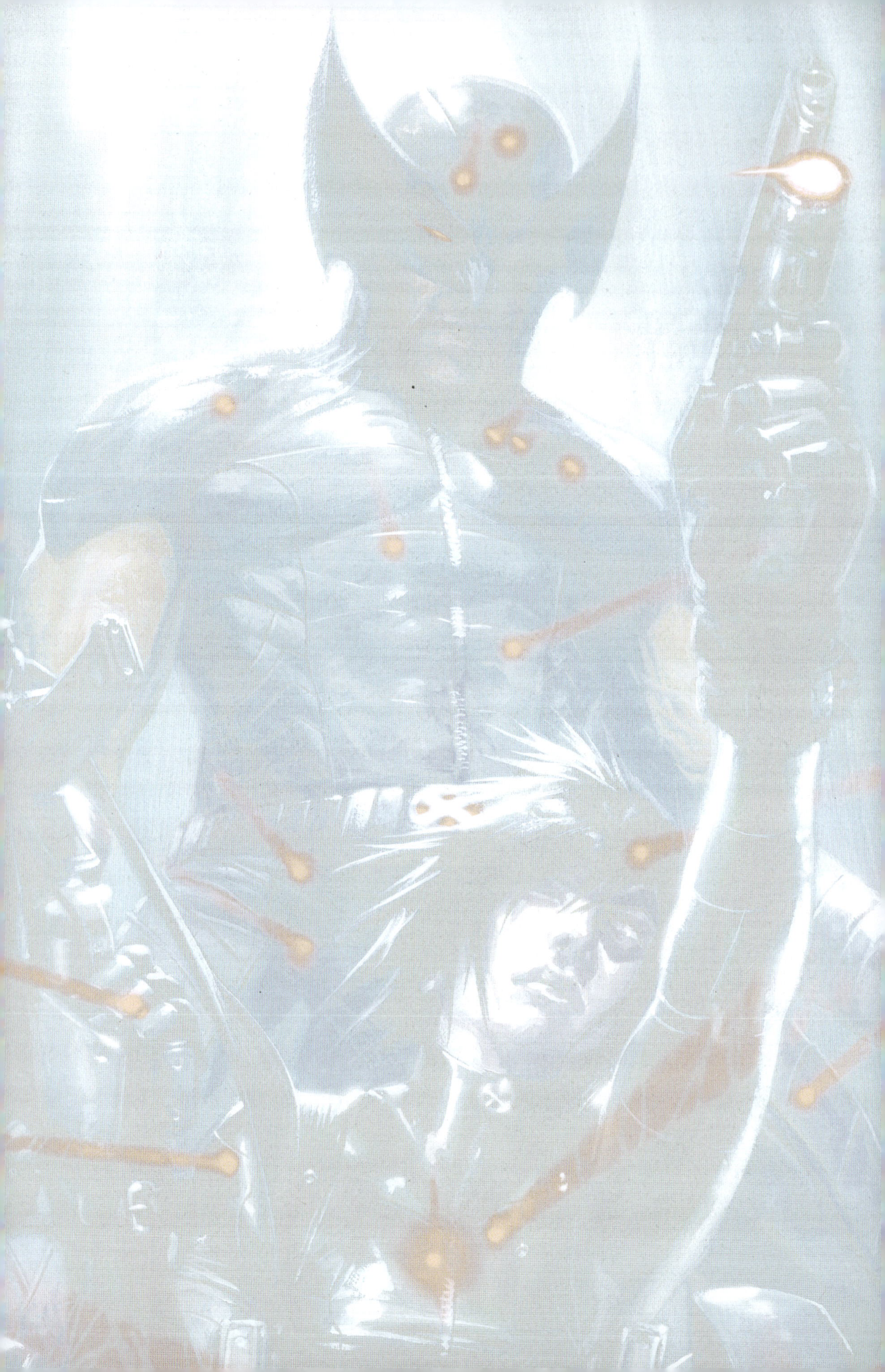

SEX + GEWALT, KAPITEL 3

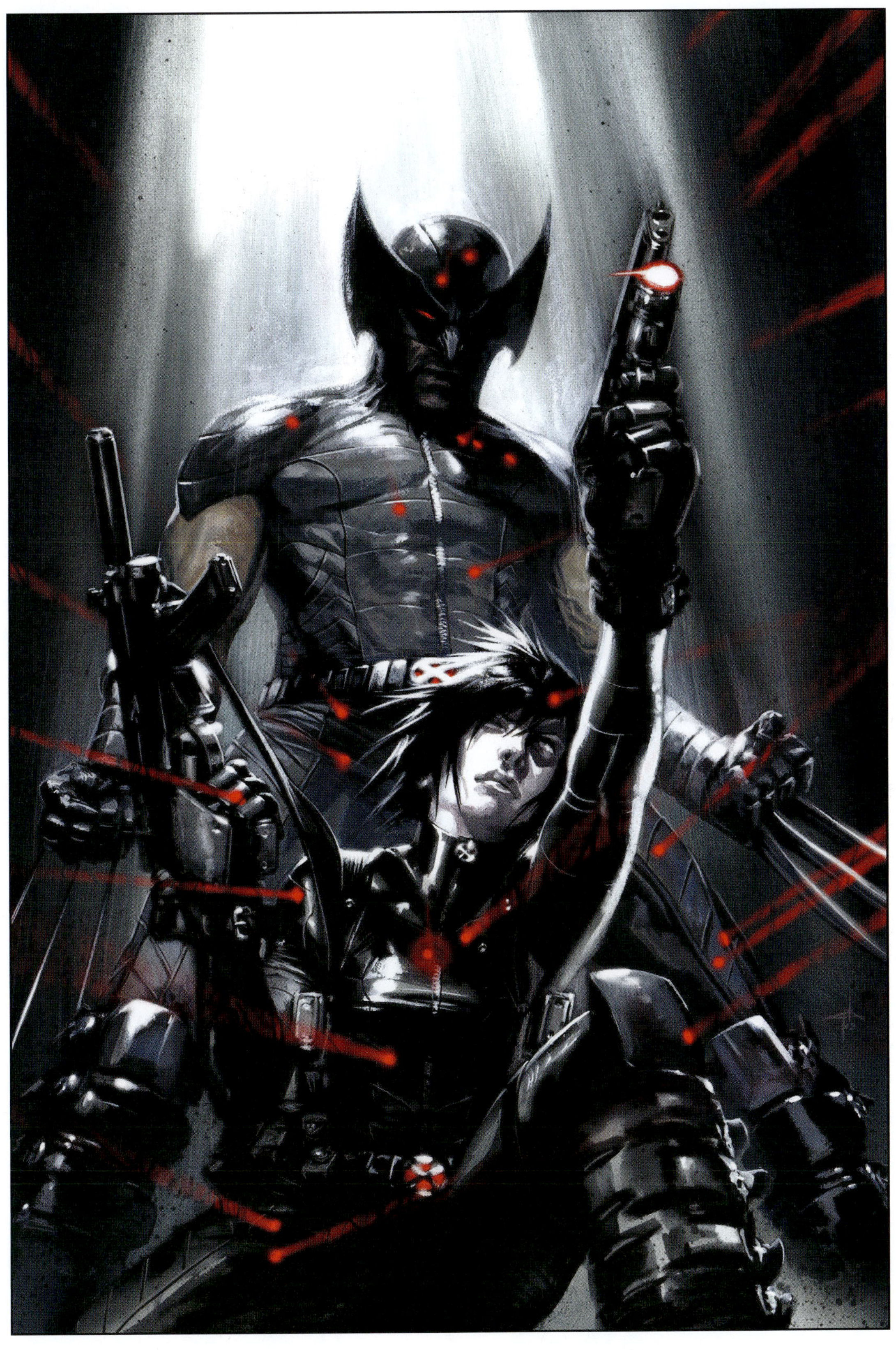

X-Force: Sex and Violence (2010) 3
Cover von **GABRIELE DELL'OTTO**

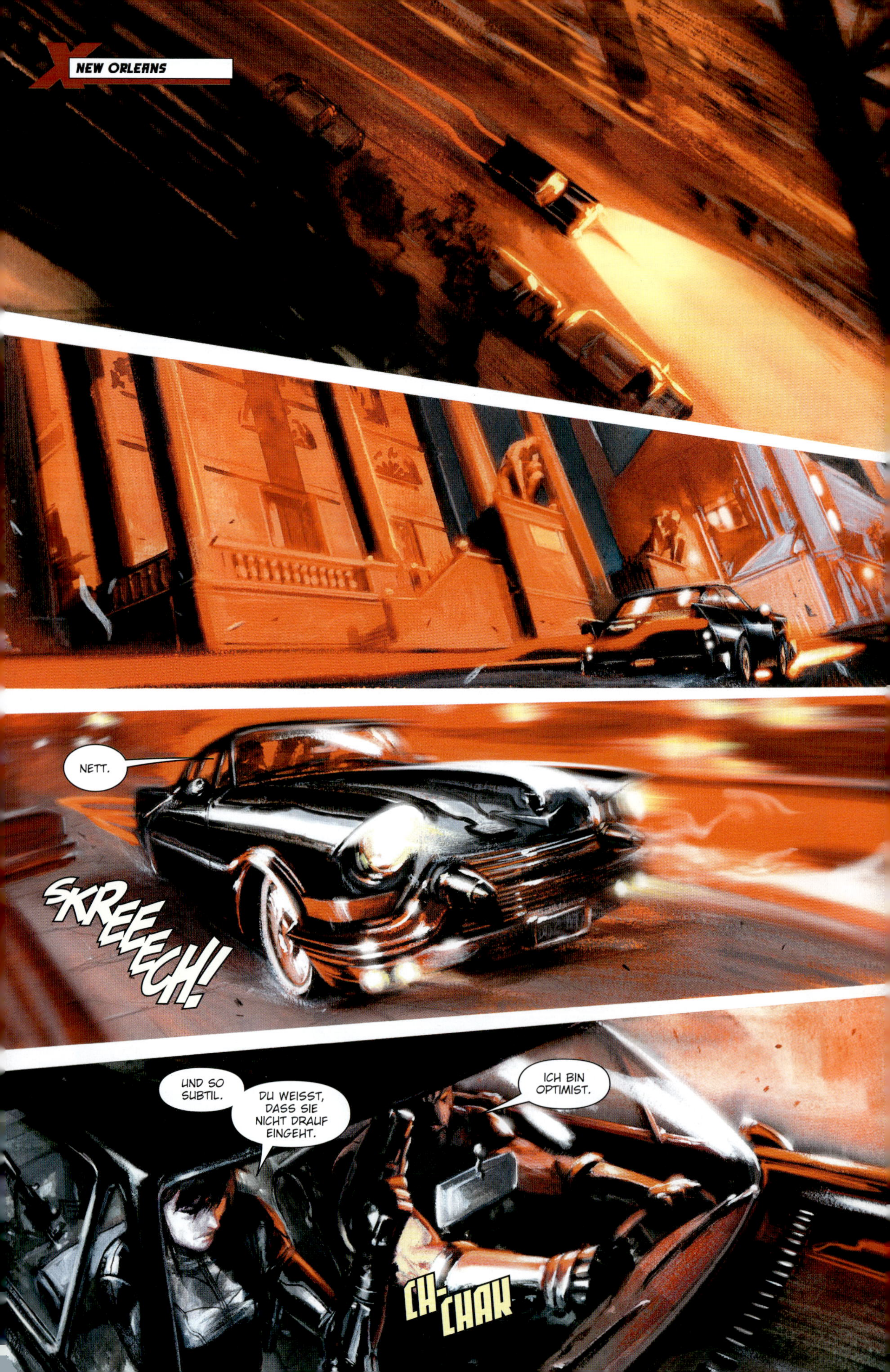
NEW ORLEANS
NETT.
SKREEEECH!
UND SO SUBTIL.
DU WEISST, DASS SIE NICHT DRAUF EINGEHT.
ICH BIN OPTIMIST.
CH-CHAK

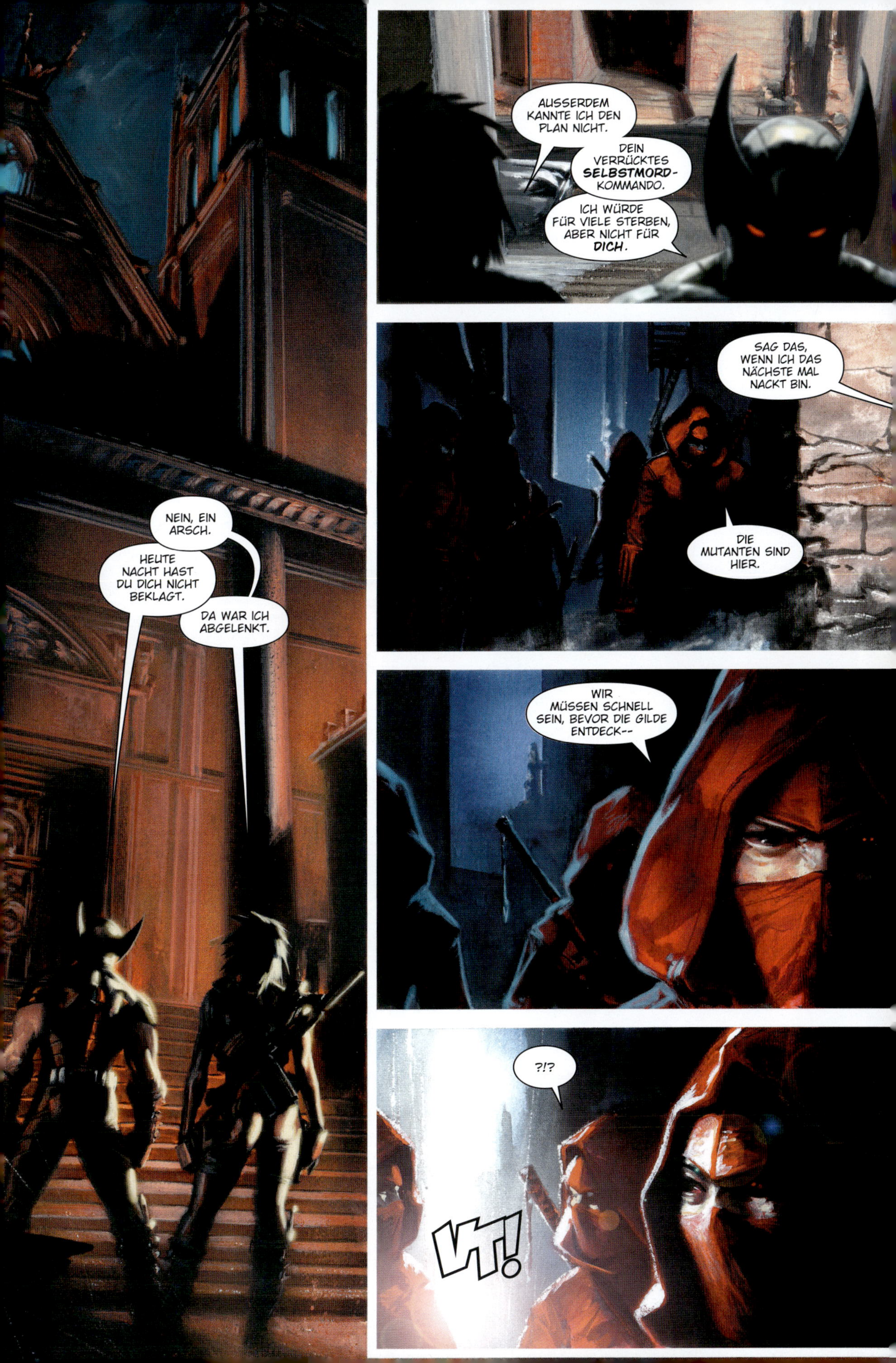

NEIN, EIN ARSCH.
HEUTE NACHT HAST DU DICH NICHT BEKLAGT.
DA WAR ICH ABGELENKT.

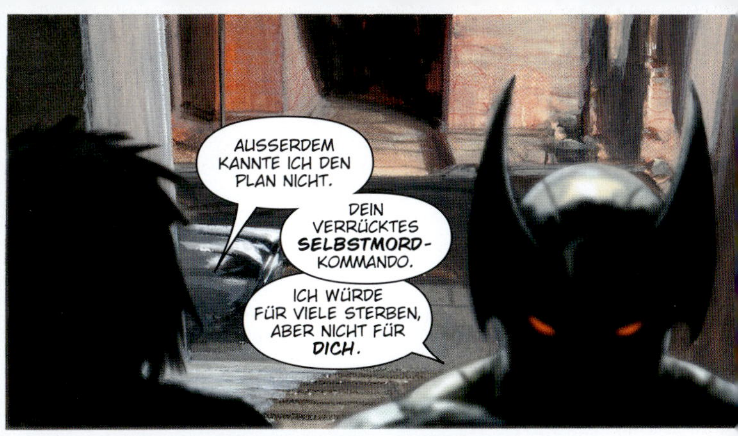

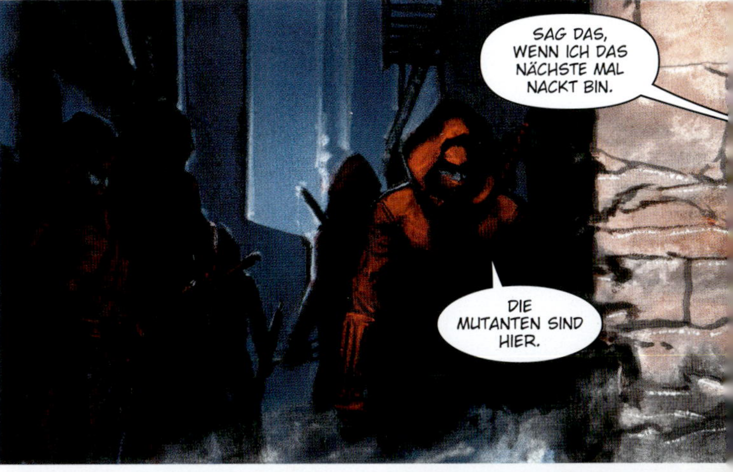

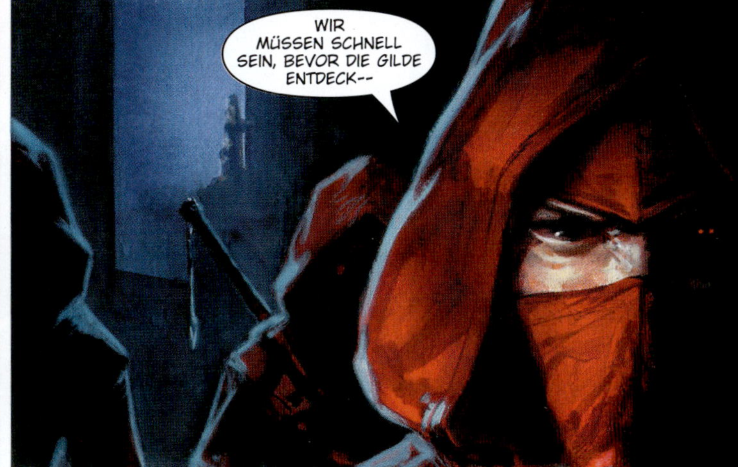

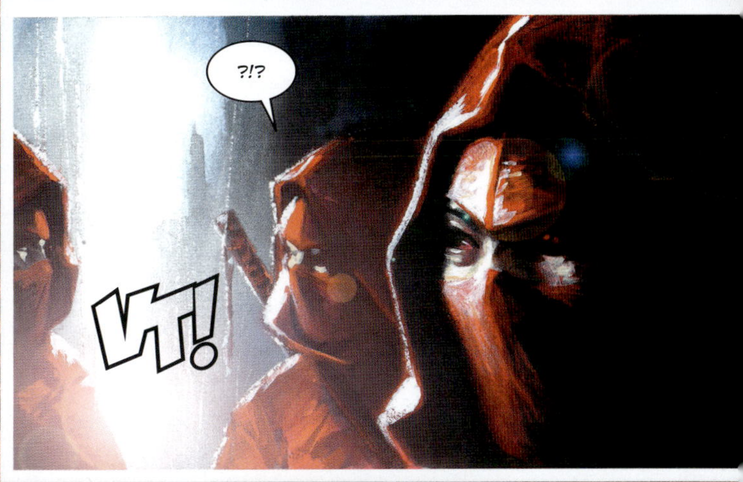

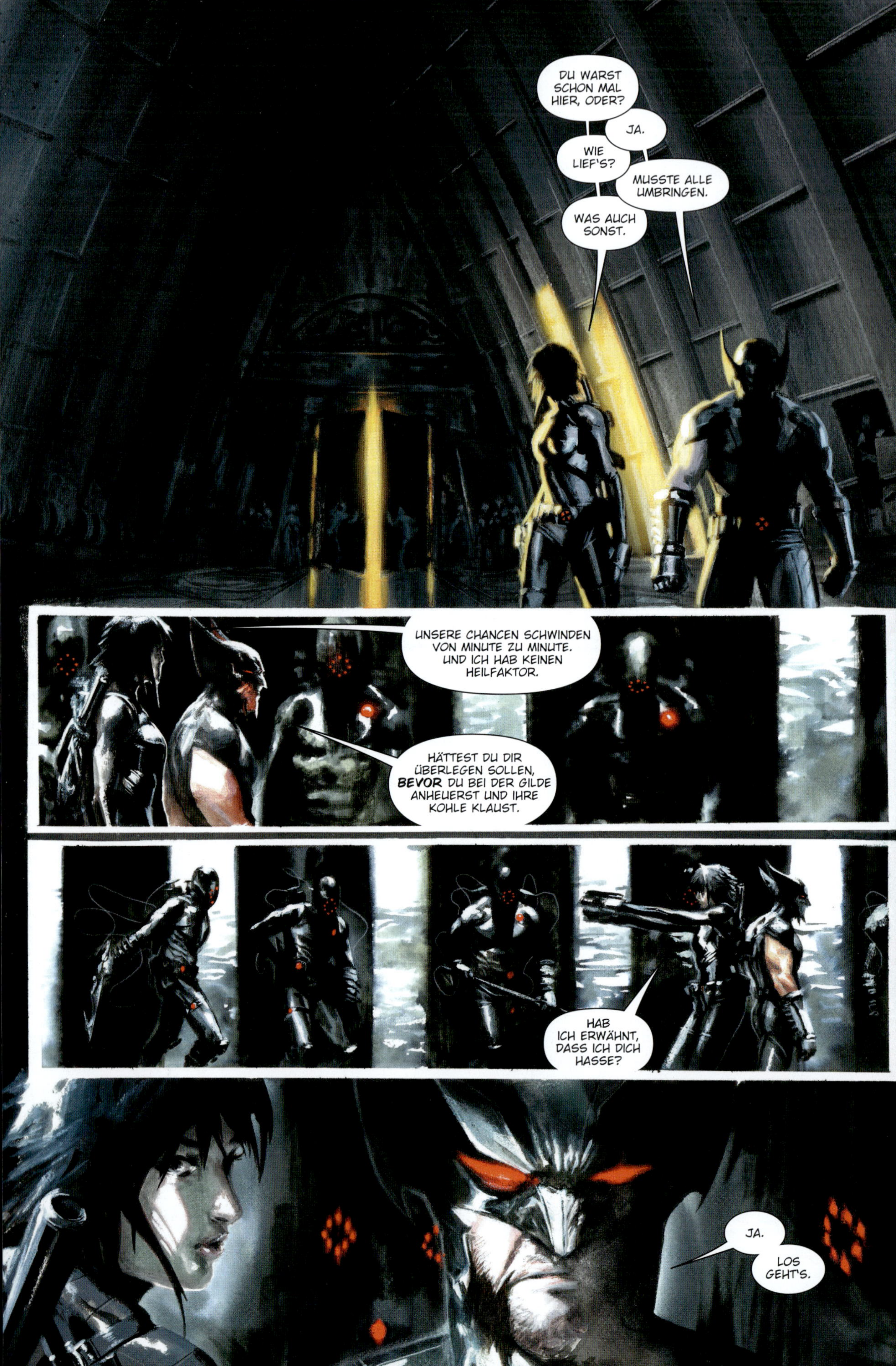
DU WARST SCHON MAL HIER, ODER?
JA.
WIE LIEF'S?
MUSSTE ALLE UMBRINGEN.
WAS AUCH SONST.
UNSERE CHANCEN SCHWINDEN VON MINUTE ZU MINUTE. UND ICH HAB KEINEN HEILFAKTOR.
HÄTTEST DU DIR ÜBERLEGEN SOLLEN, **BEVOR** DU BEI DER GILDE ANHEUERST UND IHRE KOHLE KLAUST.
HAB ICH ERWÄHNT, DASS ICH DICH HASSE?
JA.
LOS GEHT'S.

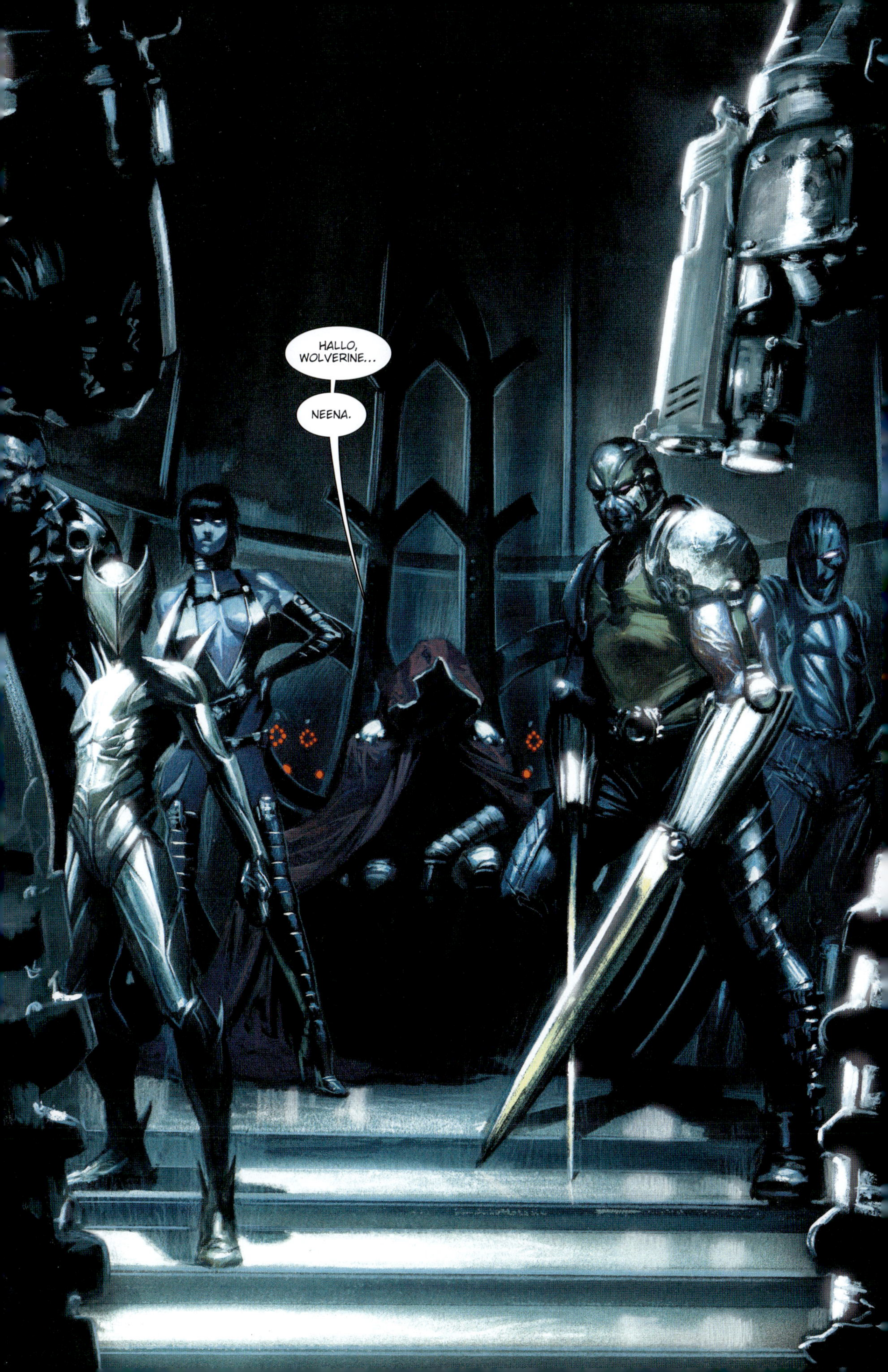
HALLO, WOLVERINE...
NEENA.

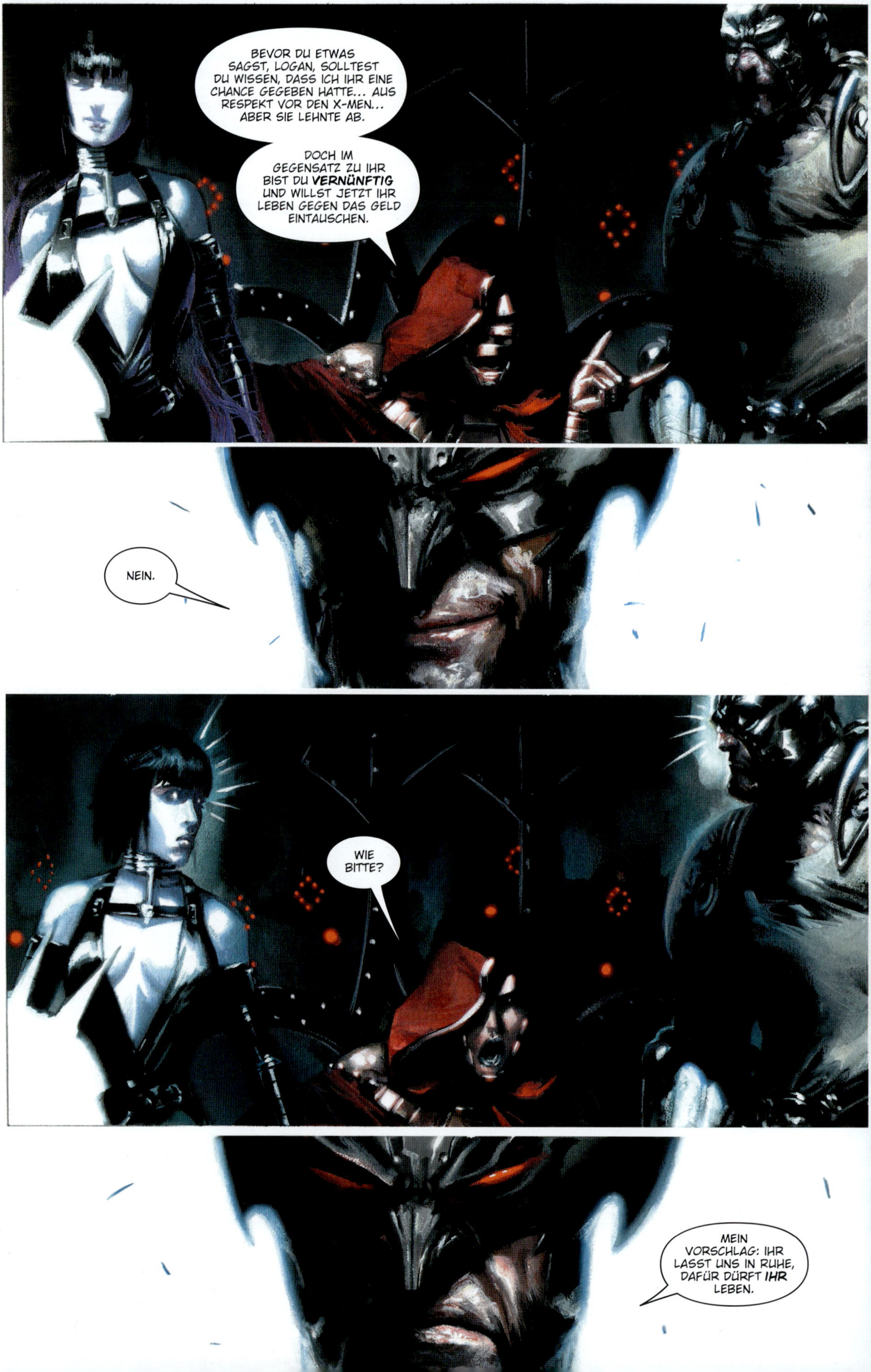

BEVOR DU ETWAS SAGST, LOGAN, SOLLTEST DU WISSEN, DASS ICH IHR EINE CHANCE GEGEBEN HATTE... AUS RESPEKT VOR DEN X-MEN... ABER SIE LEHNTE AB.

DOCH IM GEGENSATZ ZU IHR BIST DU **VERNÜNFTIG** UND WILLST JETZT IHR LEBEN GEGEN DAS GELD EINTAUSCHEN.

NEIN.

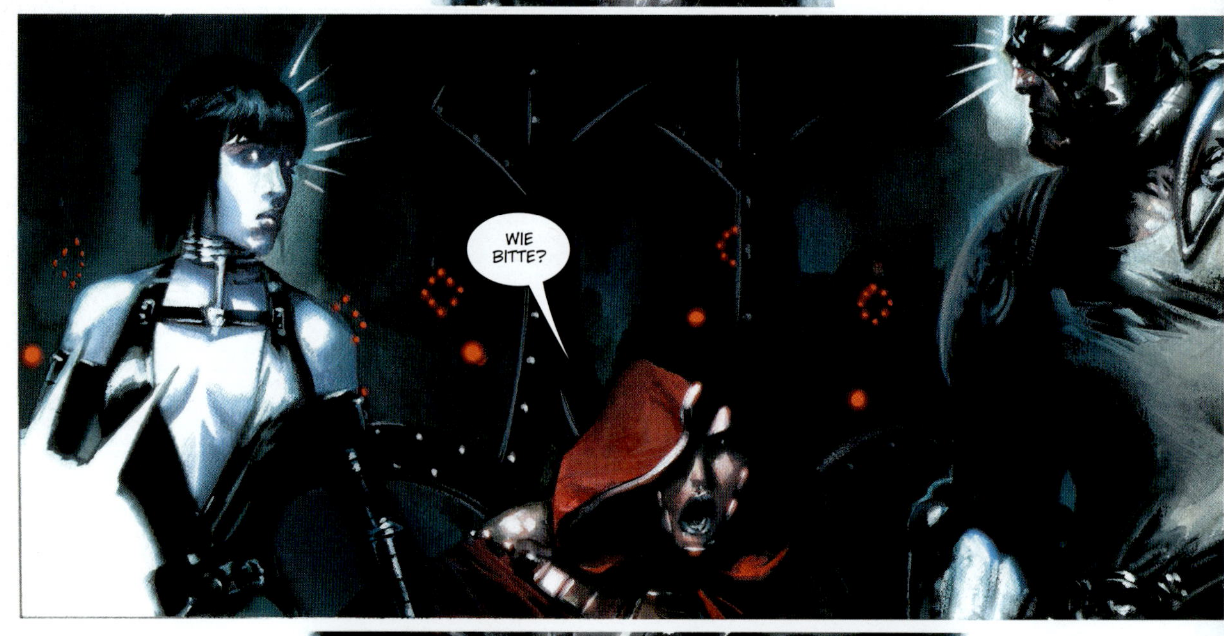

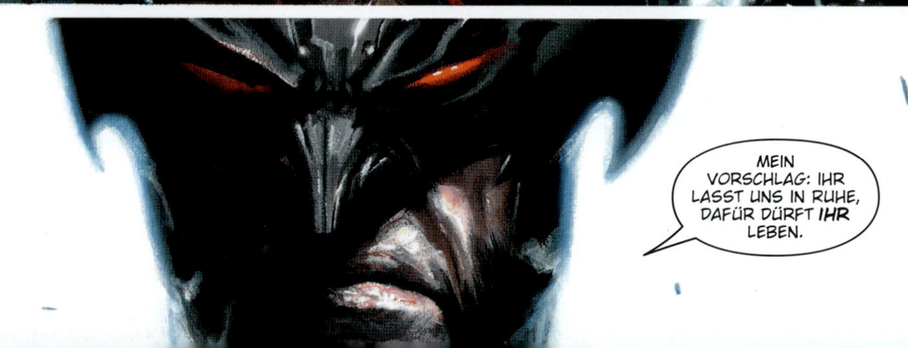

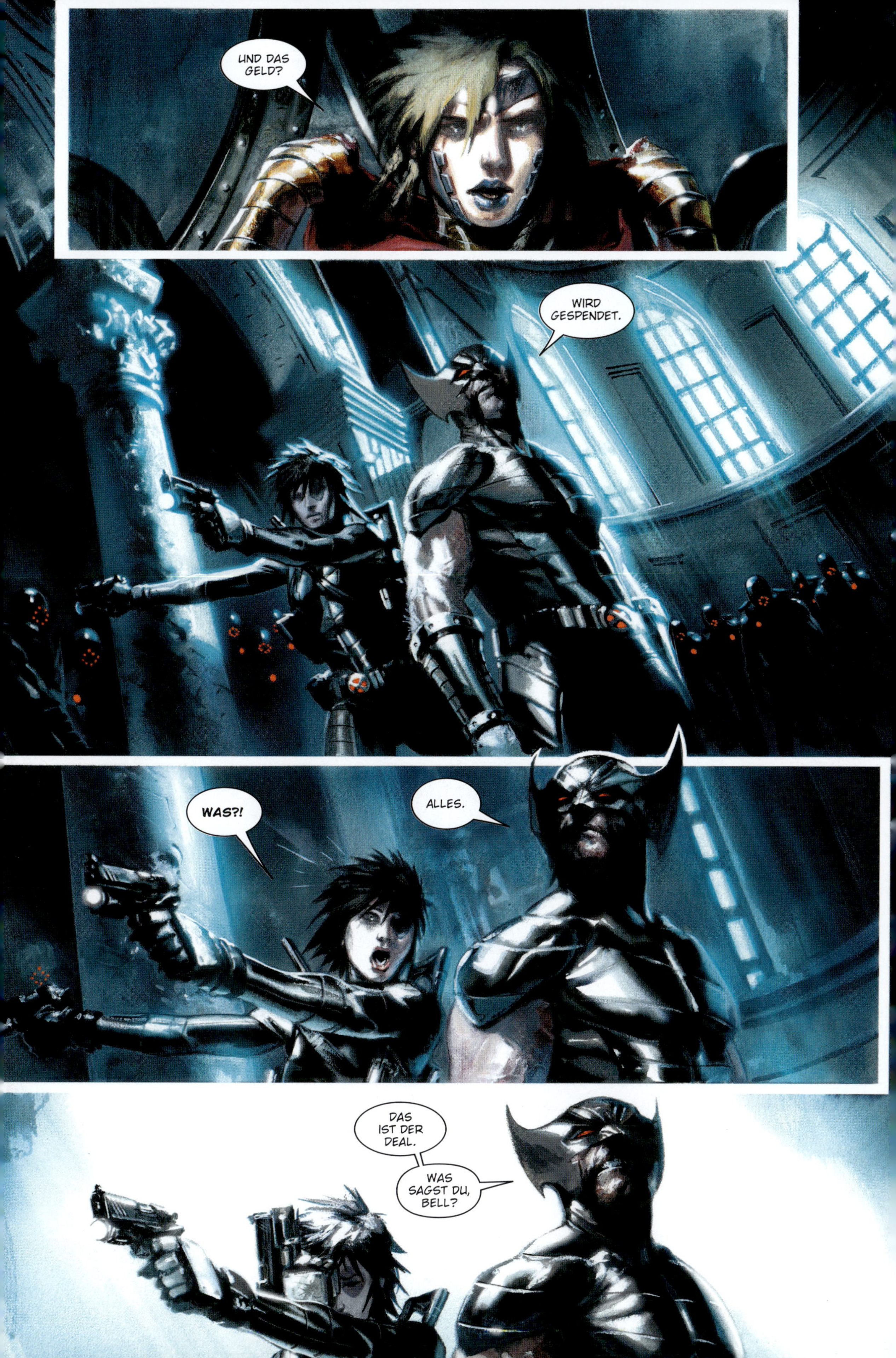
UND DAS GELD?
WIRD GESPENDET.
WAS?!
ALLES.
DAS IST DER DEAL.
WAS SAGST DU, BELL?

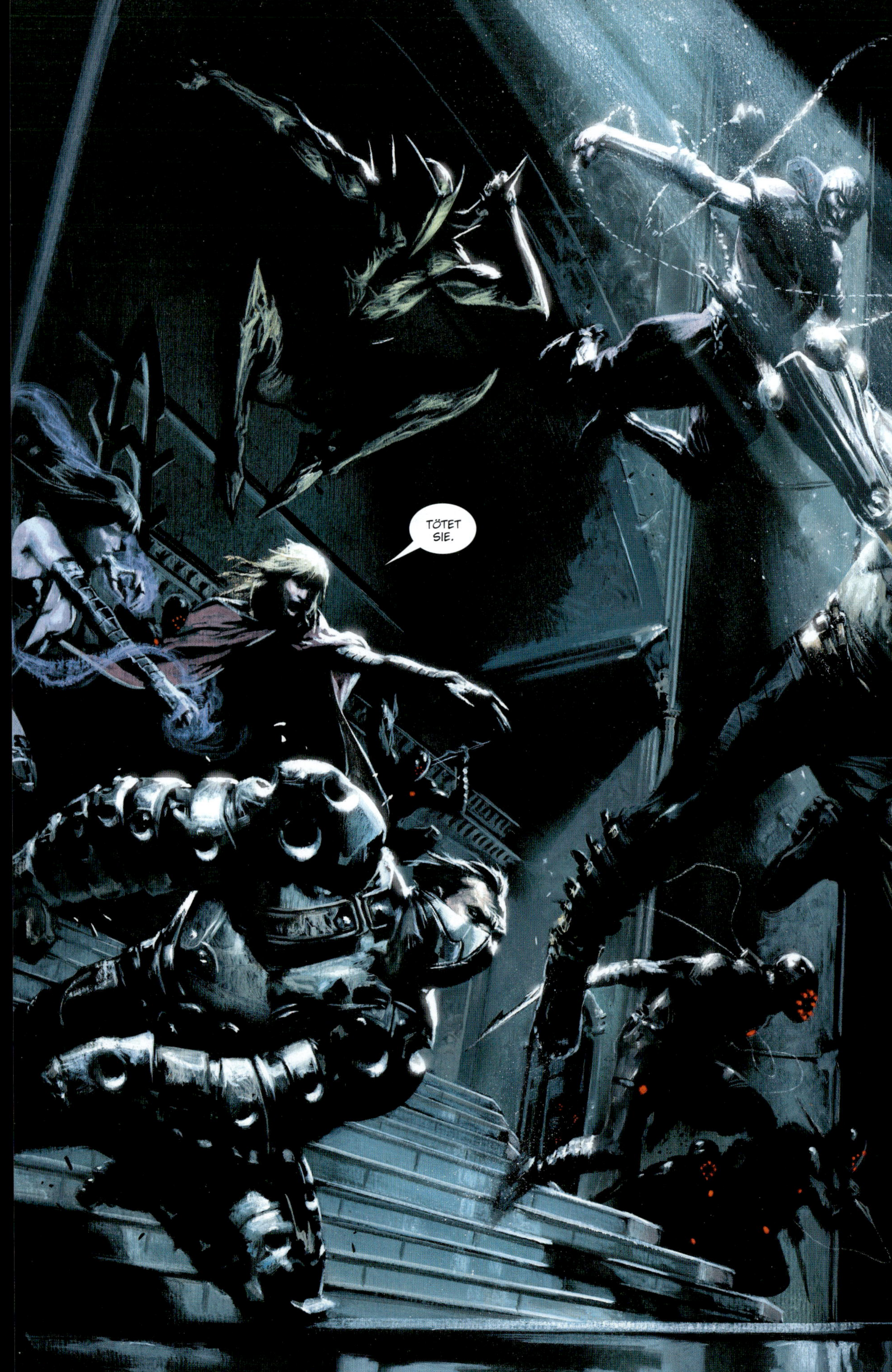
TÖTET SIE.

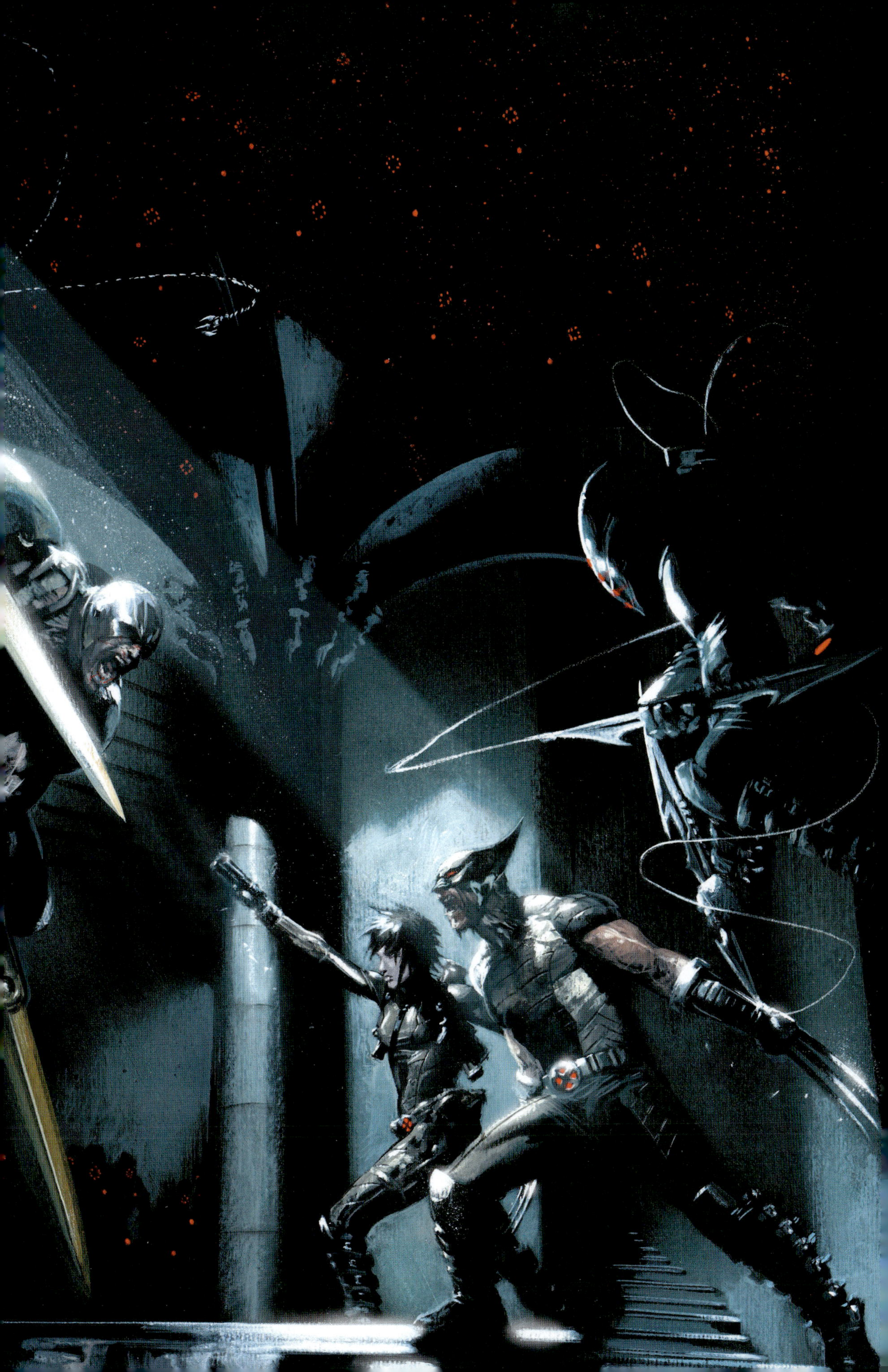

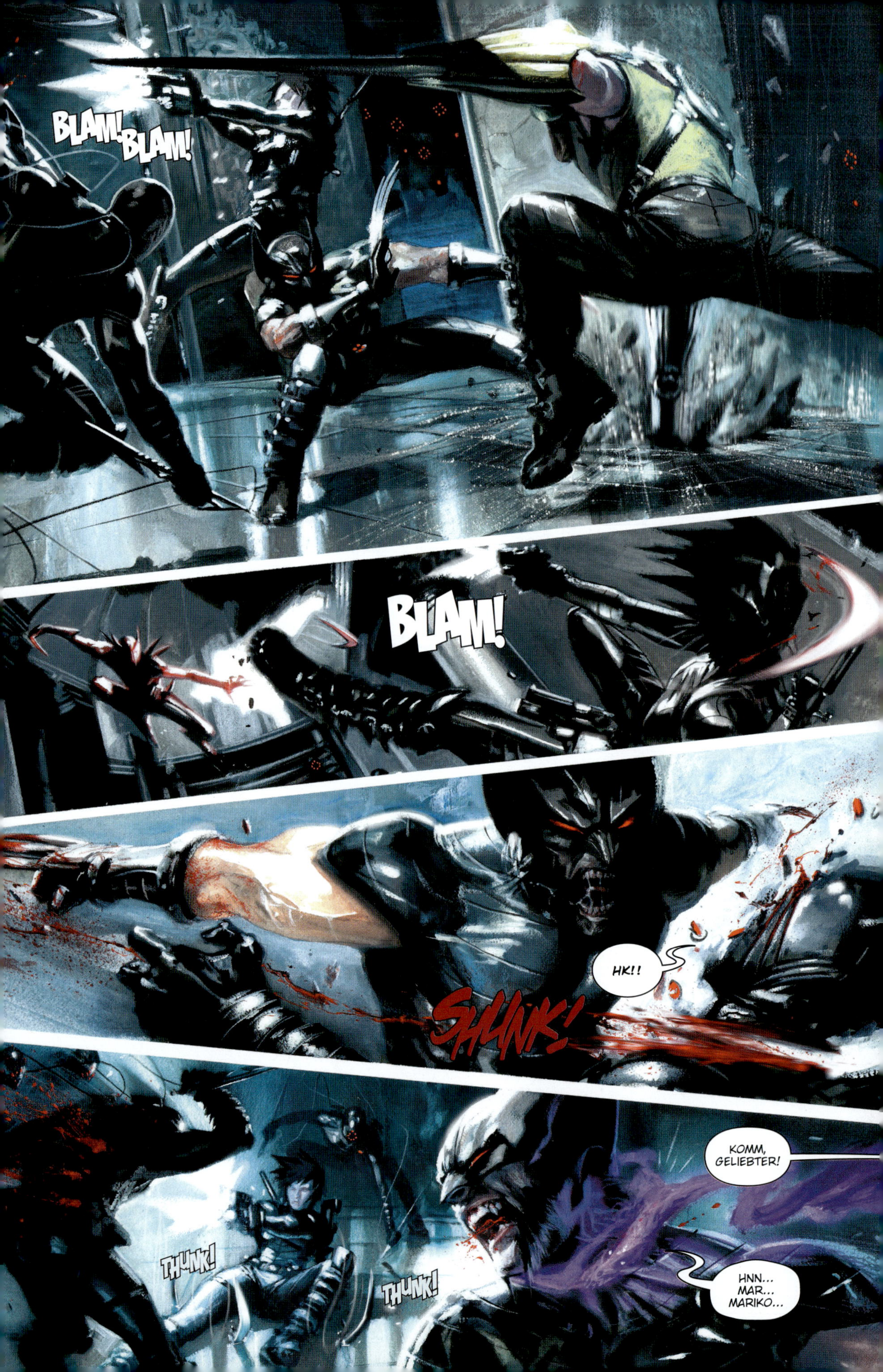
BLAM! BLAM!
BLAM!
HK!!
SHUNK!
KOMM, GELIEBTER!
THUNK!
THUNK!
HNN... MAR... MARIKO...

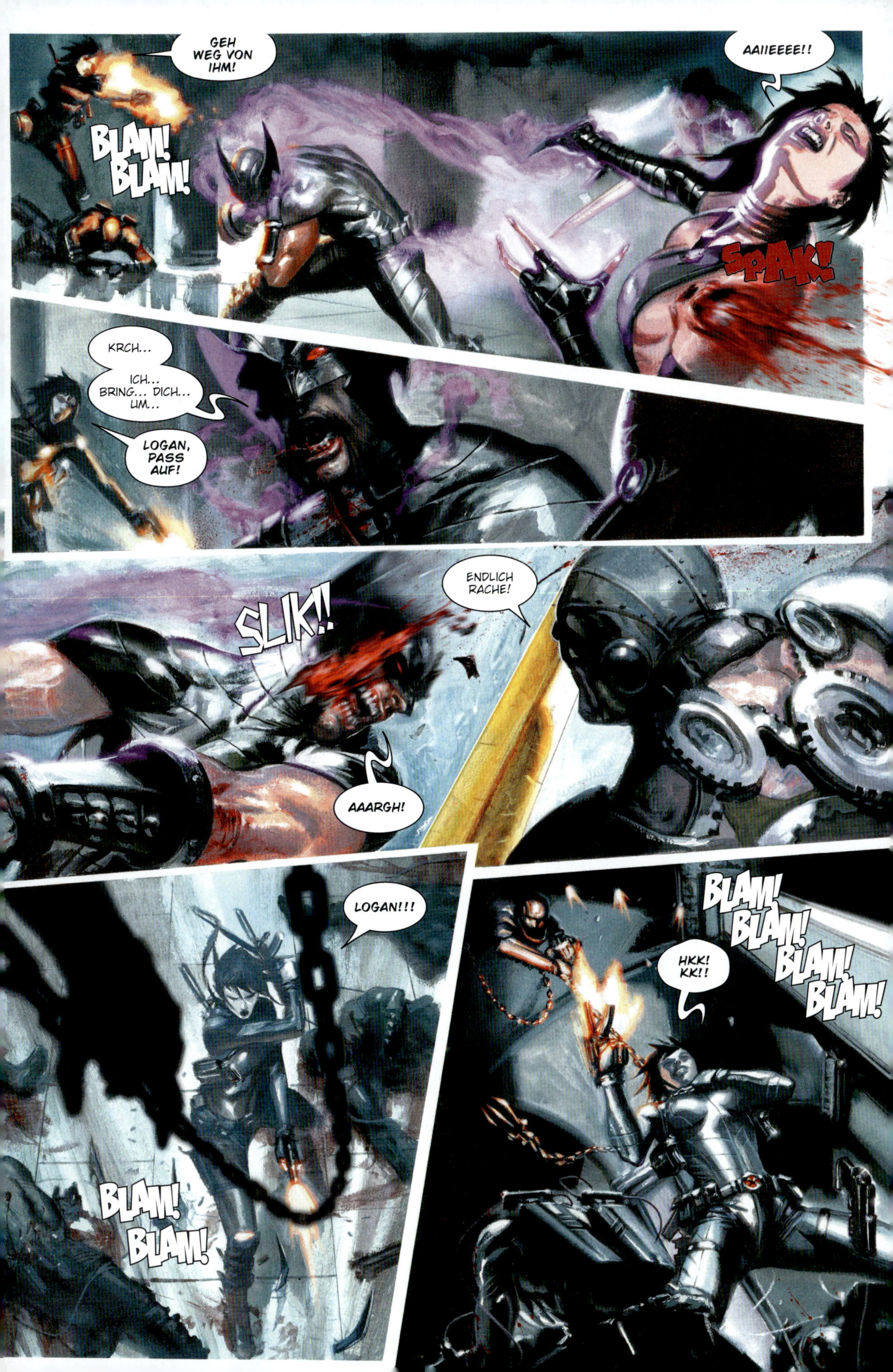
GEH WEG VON IHM!
BLAM! BLAM!
AAIIEEEE!!
SPAK!
KRCH...
ICH... BRING... DICH... UM...
LOGAN, PASS AUF!
SLIK!!
ENDLICH RACHE!
AAARGH!
LOGAN!!!
BLAM! BLAM!
BLAM! BLAM! BLAM! BLAM!
HKK! KK!!

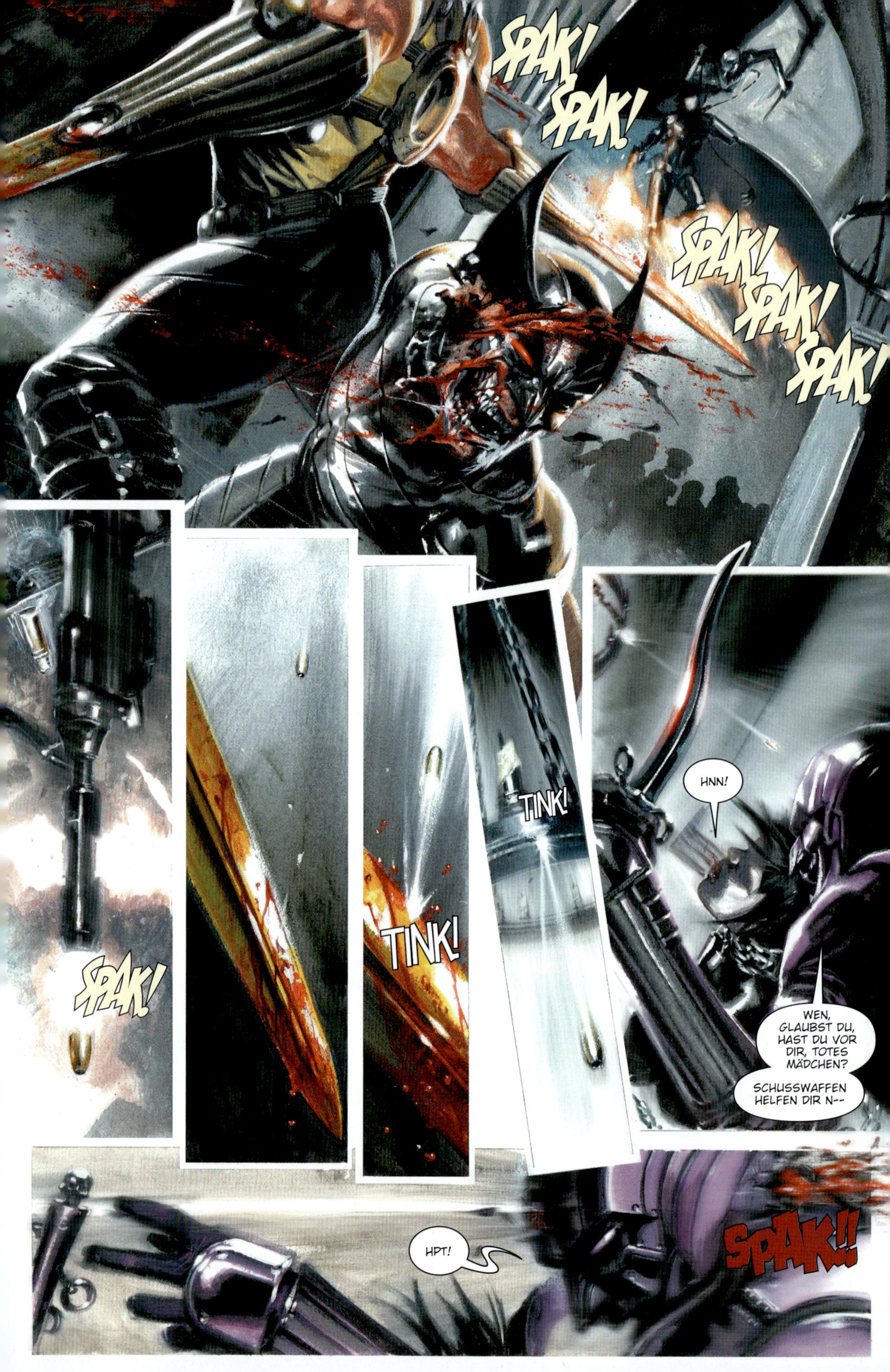
SPAK! SPAK!
SPAK! SPAK! SPAK!
SPAK!
TINK!
TINK!
HNN!
WEN, GLAUBST DU, HAST DU VOR DIR, TOTES MÄDCHEN?
SCHUSSWAFFEN HELFEN DIR N--
HPT!
SPAK!!

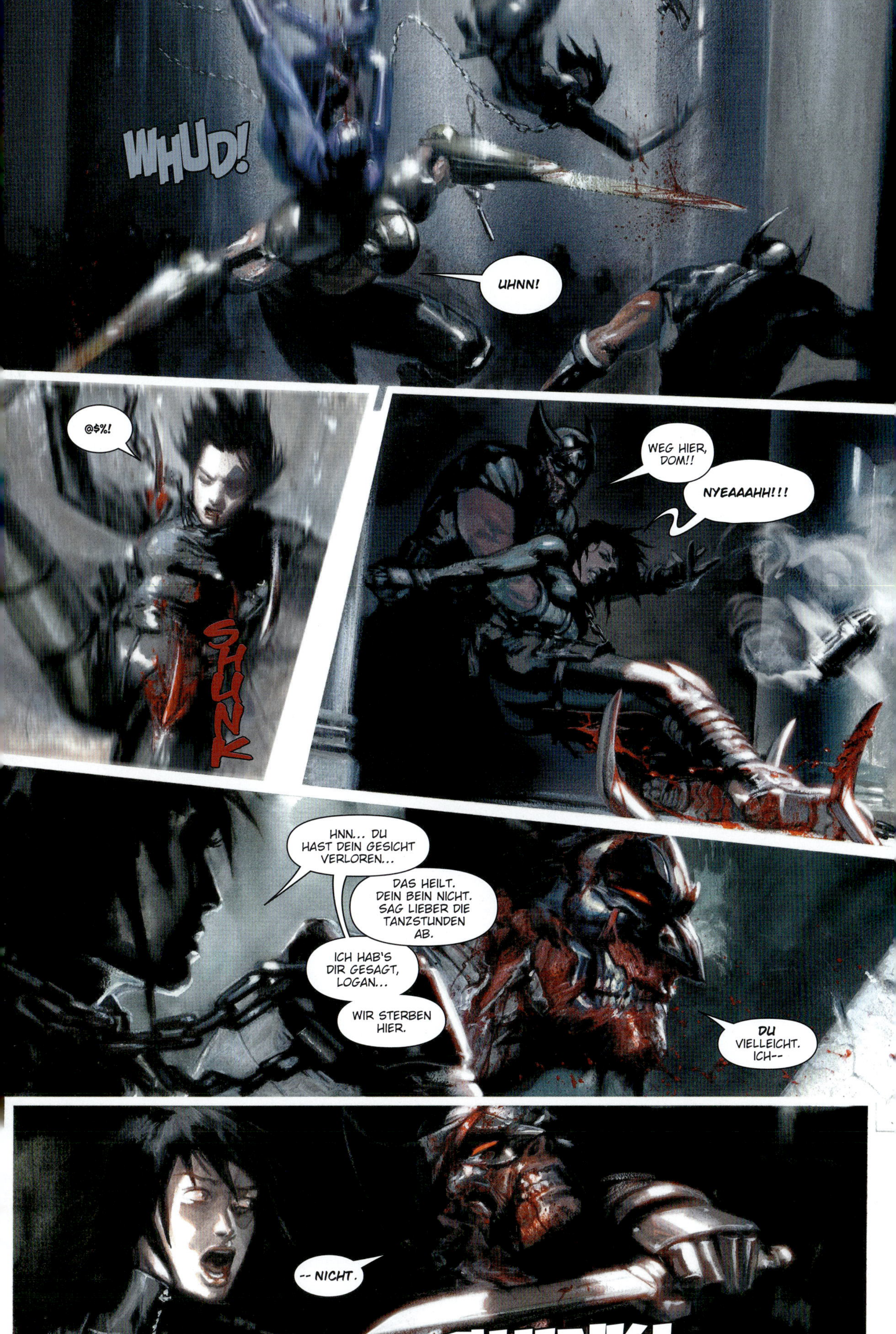
WHUD!
UHNN!
@$%!
SHUNK
WEG HIER, DOM!!
NYEAAAHH!!!
HNN... DU HAST DEIN GESICHT VERLOREN...
DAS HEILT. DEIN BEIN NICHT. SAG LIEBER DIE TANZSTUNDEN AB.
ICH HAB'S DIR GESAGT, LOGAN...
WIR STERBEN HIER.
DU VIELLEICHT. ICH--
-- NICHT.
SHINK!

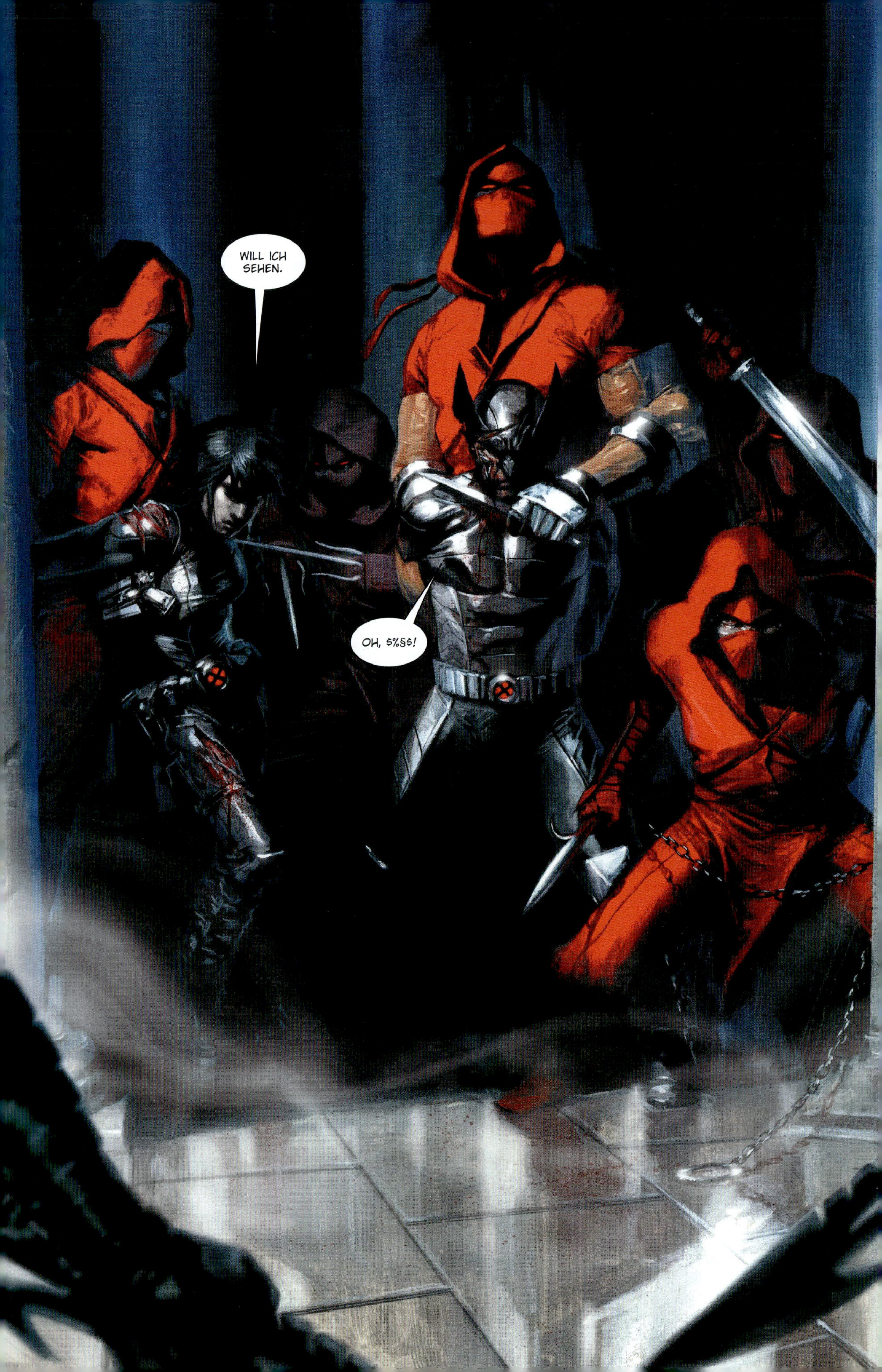
WILL ICH
SEHEN.
OH, $%§$!

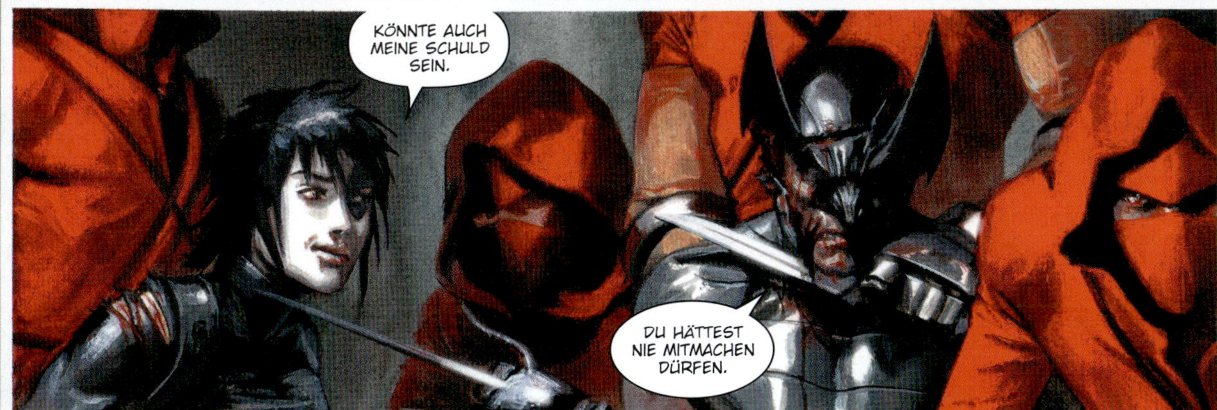
KÖNNTE AUCH MEINE SCHULD SEIN.
DU HÄTTEST NIE MITMACHEN DÜRFEN.

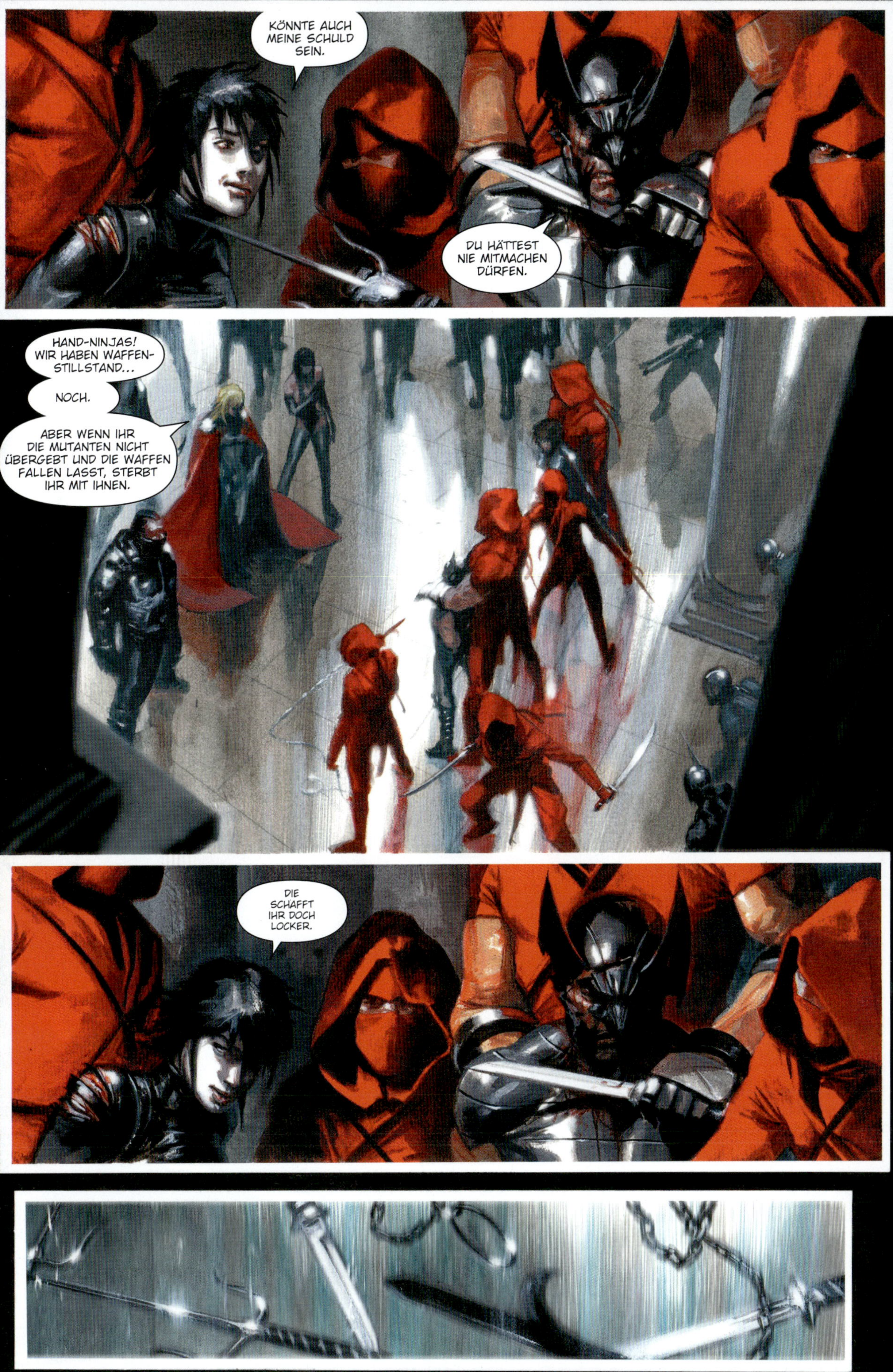

HAND-NINJAS! WIR HABEN WAFFEN-STILLSTAND...
NOCH.
ABER WENN IHR DIE MUTANTEN NICHT ÜBERGEBT UND DIE WAFFEN FALLEN LASST, STERBT IHR MIT IHNEN.

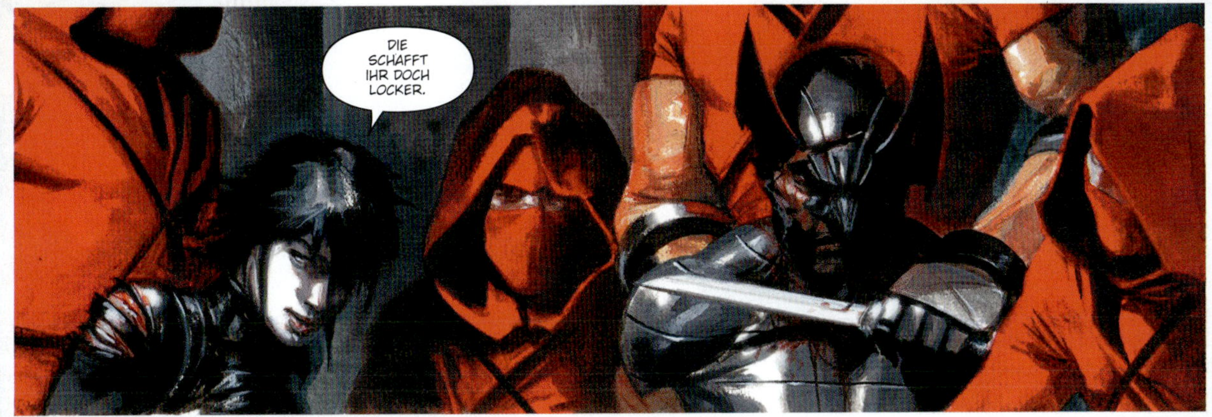
DIE SCHAFFT IHR DOCH LOCKER.

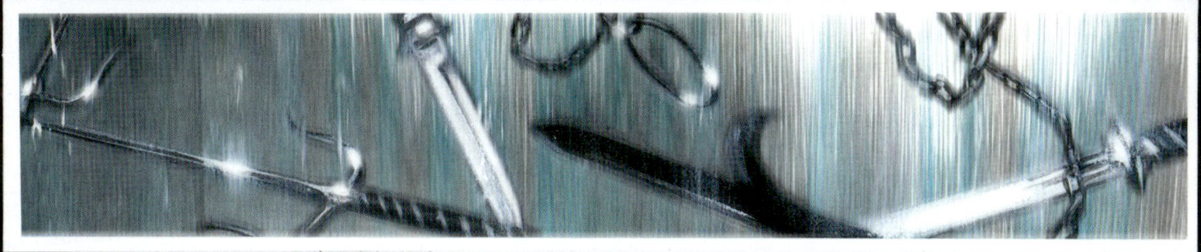

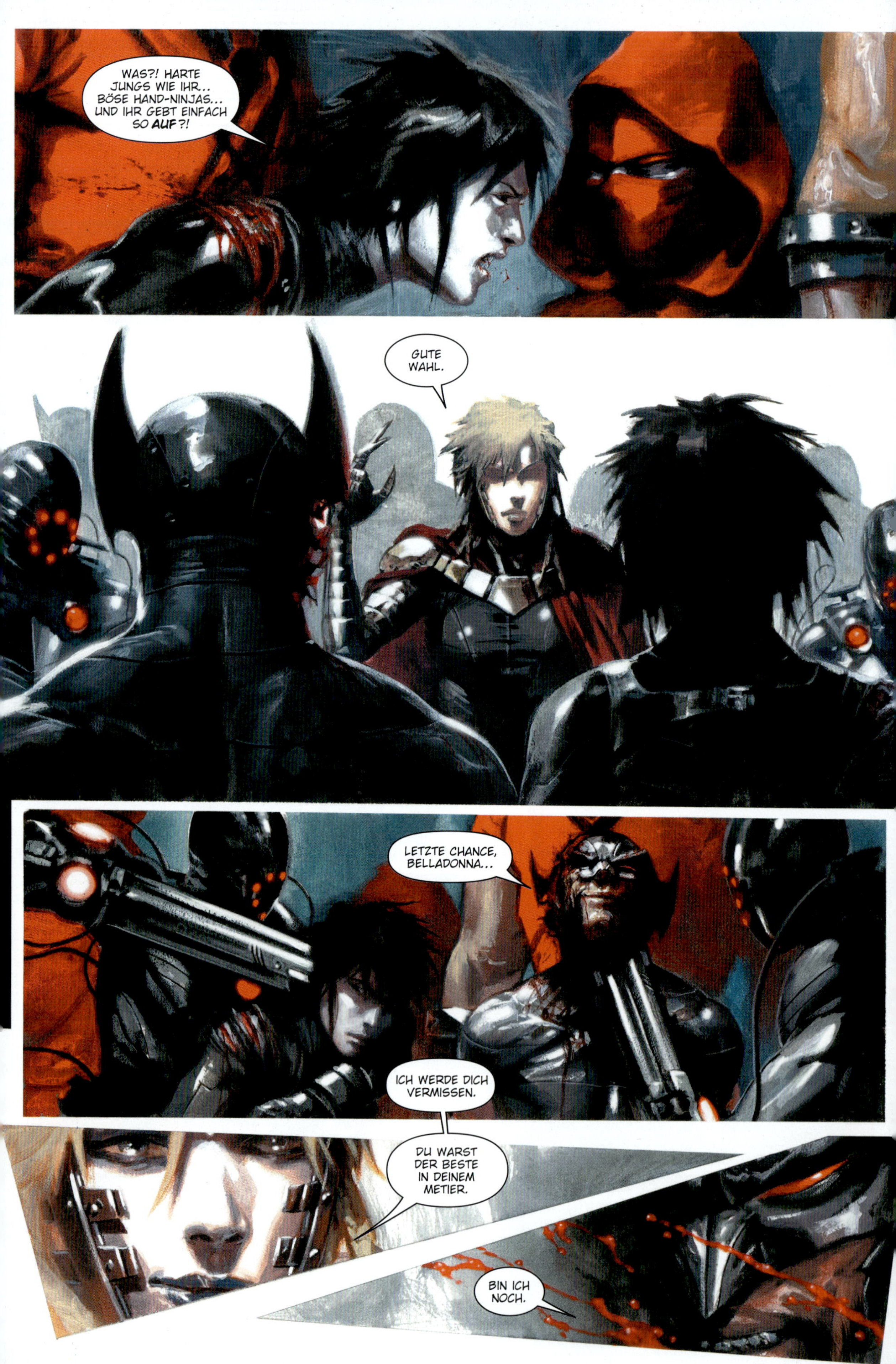
WAS?! HARTE JUNGS WIE IHR.. BÖSE HAND-NINJAS... UND IHR GEBT EINFACH SO **AUF**?!
GUTE WAHL.
LETZTE CHANCE, BELLADONNA...
ICH WERDE DICH VERMISSEN.
DU WARST DER BESTE IN DEINEM METIER.
BIN ICH NOCH.

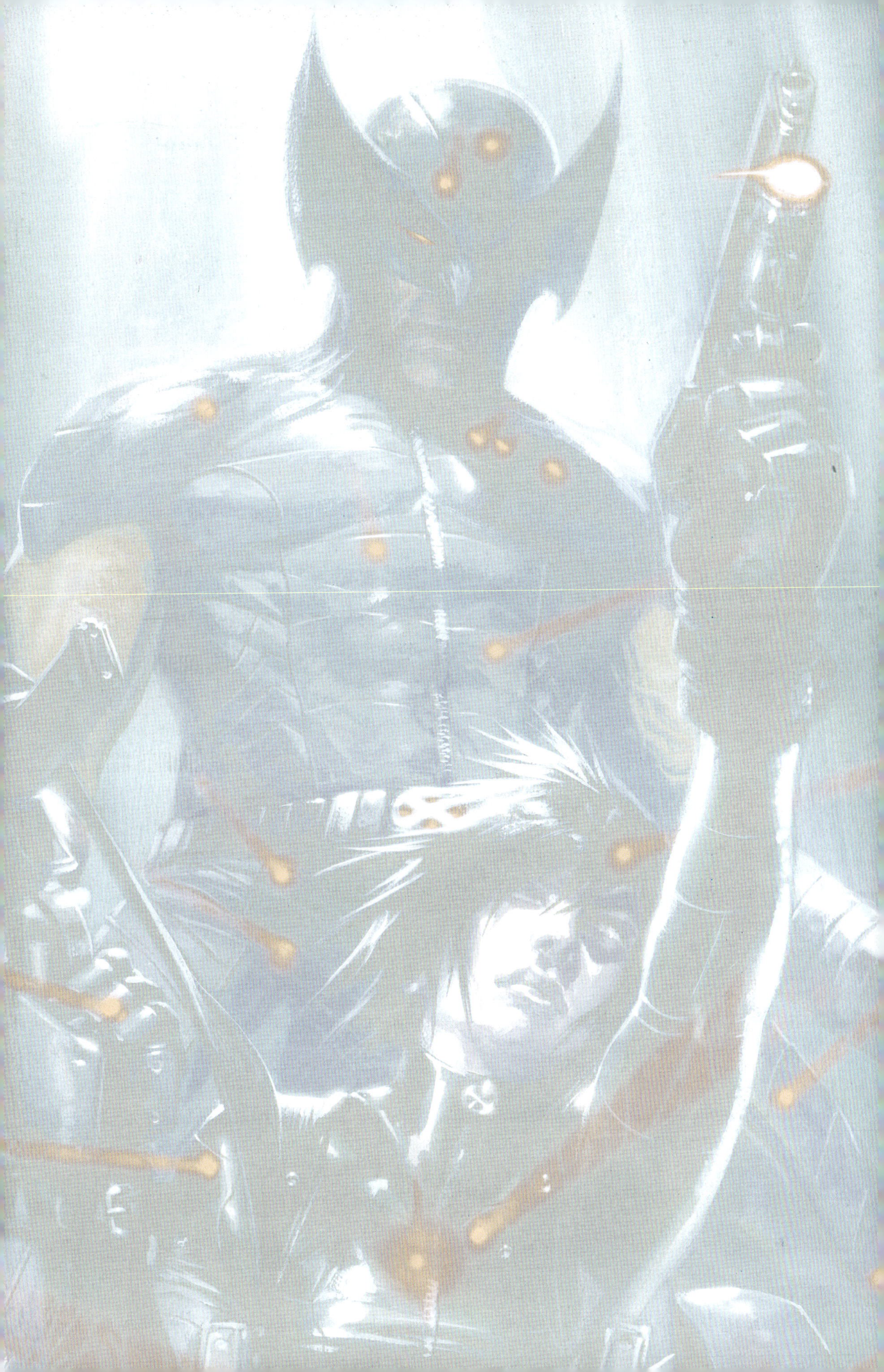

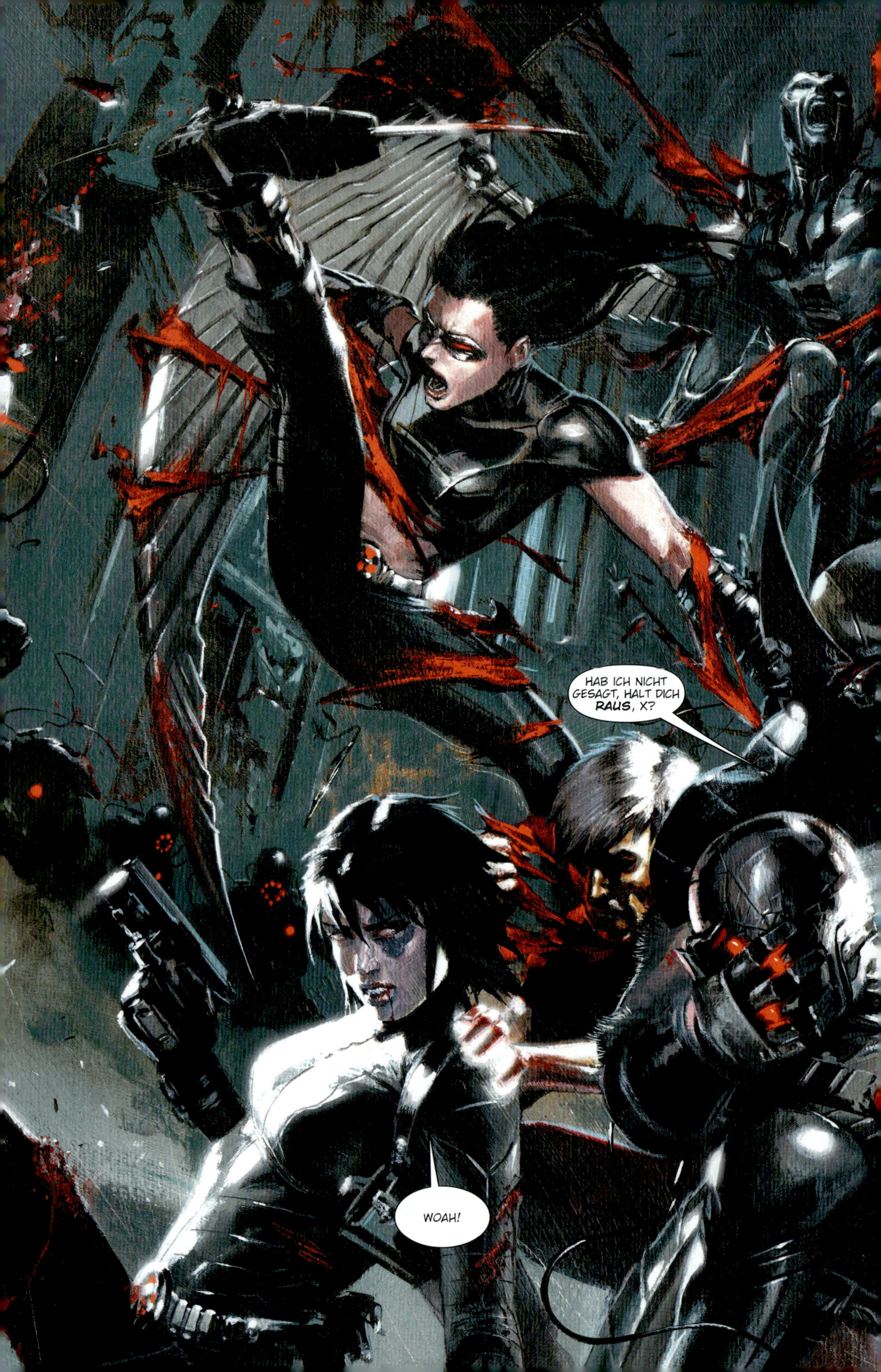
HAB ICH NICHT GESAGT, HALT DICH RAUS, X?
WOAH!

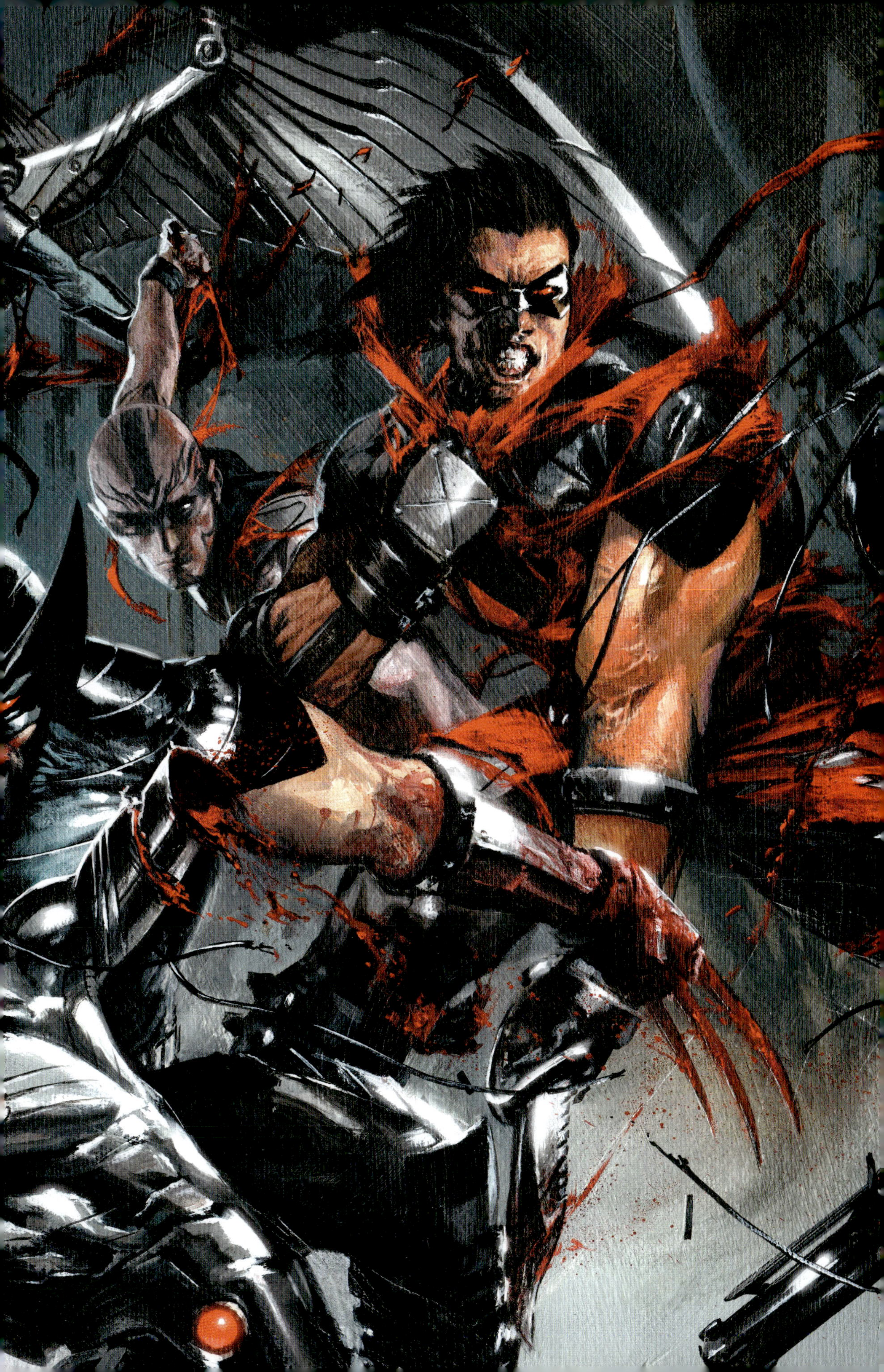

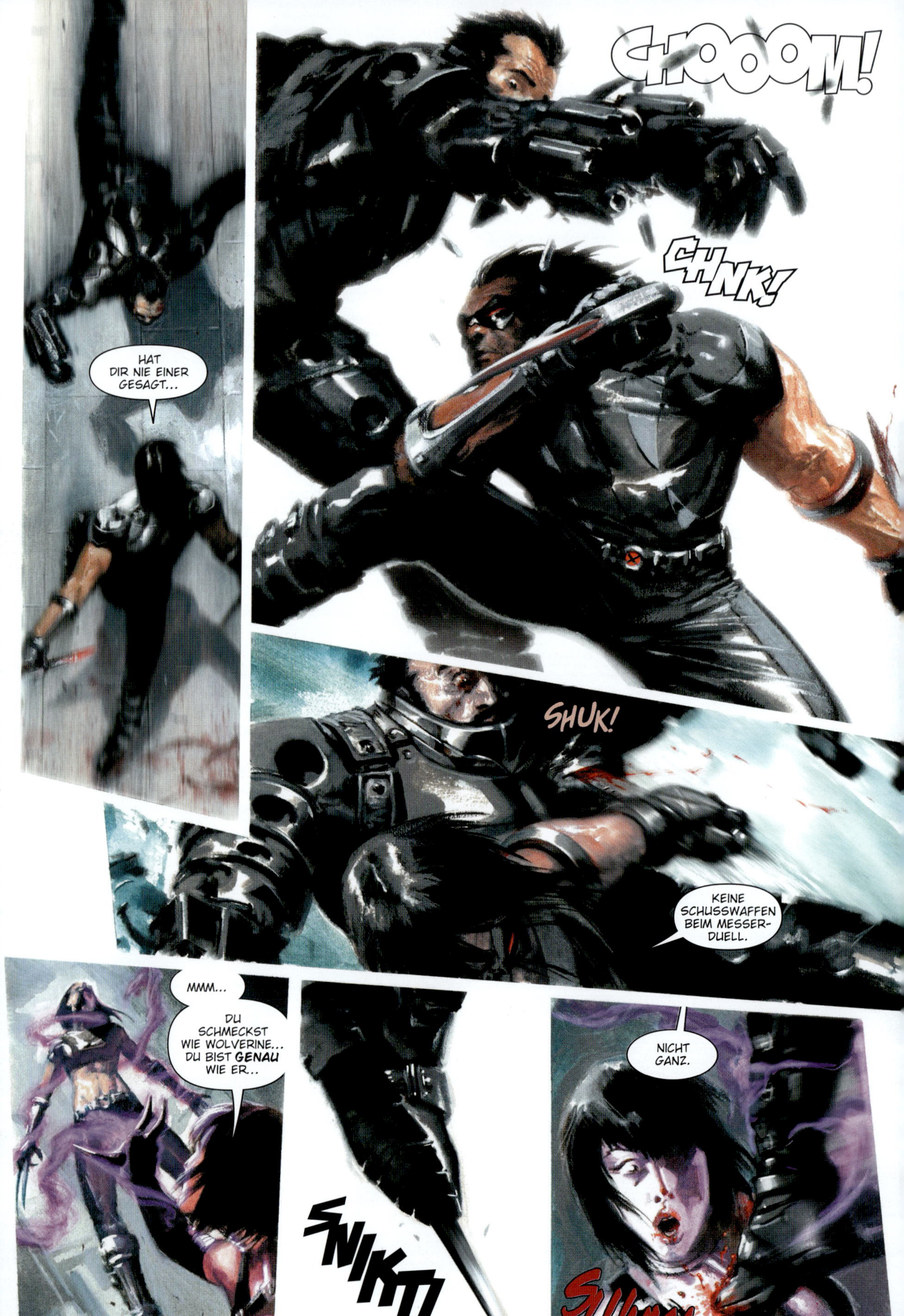

HAT DIR NIE EINER GESAGT...
CHOOOM!
CHNK!
SHUK!
KEINE SCHUSSWAFFEN BEIM MESSER-DUELL.
MMM...
DU SCHMECKST WIE WOLVERINE... DU BIST GENAU WIE ER...
SNIKT!
NICHT GANZ.
SLUNK!

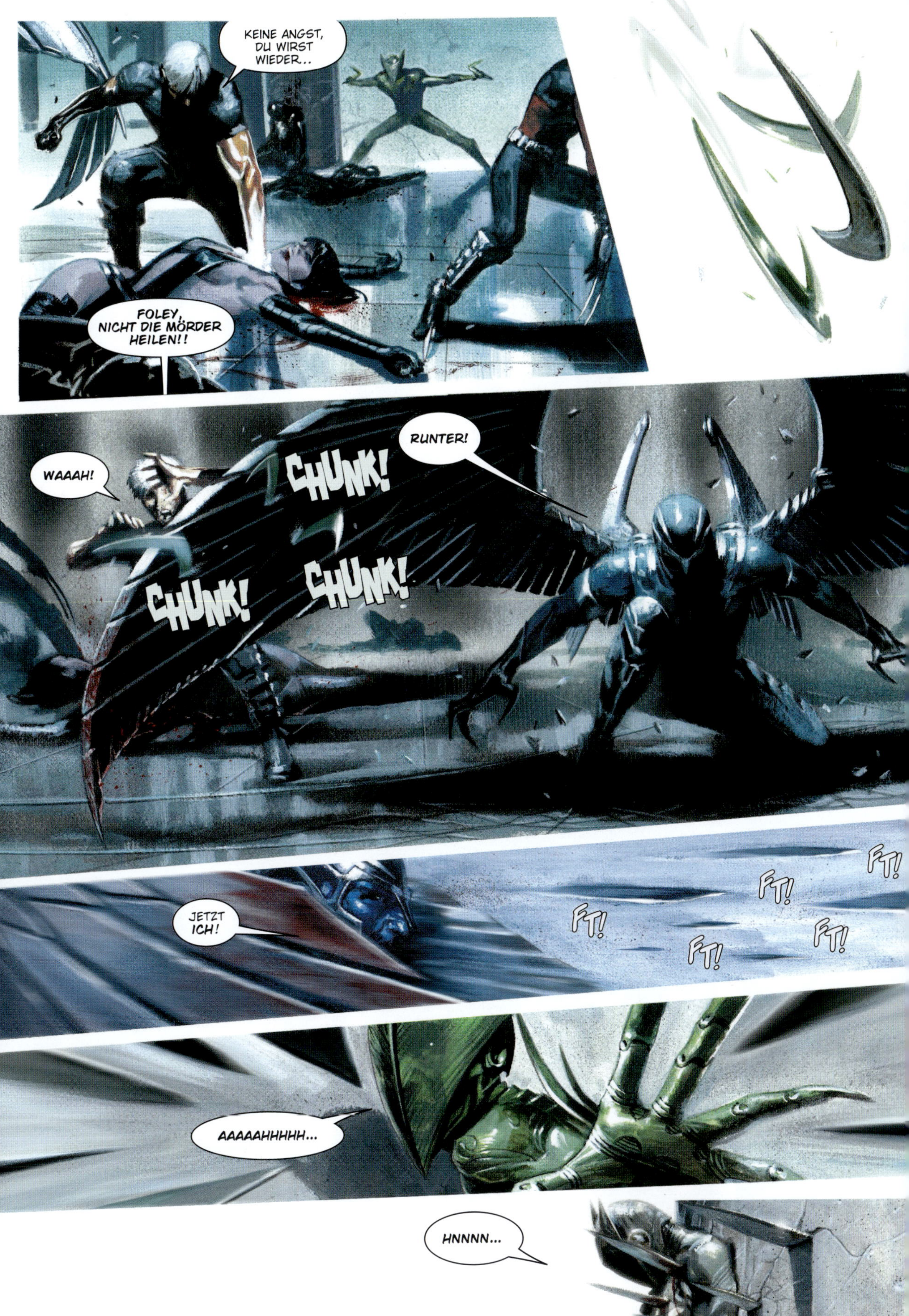
KEINE ANGST, DU WIRST WIEDER...
FOLEY, NICHT DIE MÖRDER HEILEN!!
WAAAH!
CHUNK!
RUNTER!
CHUNK!
CHUNK!
JETZT ICH!
FT!
FT!
FT!
FT!
FT!
AAAAAHHHHH...
HNNNN...

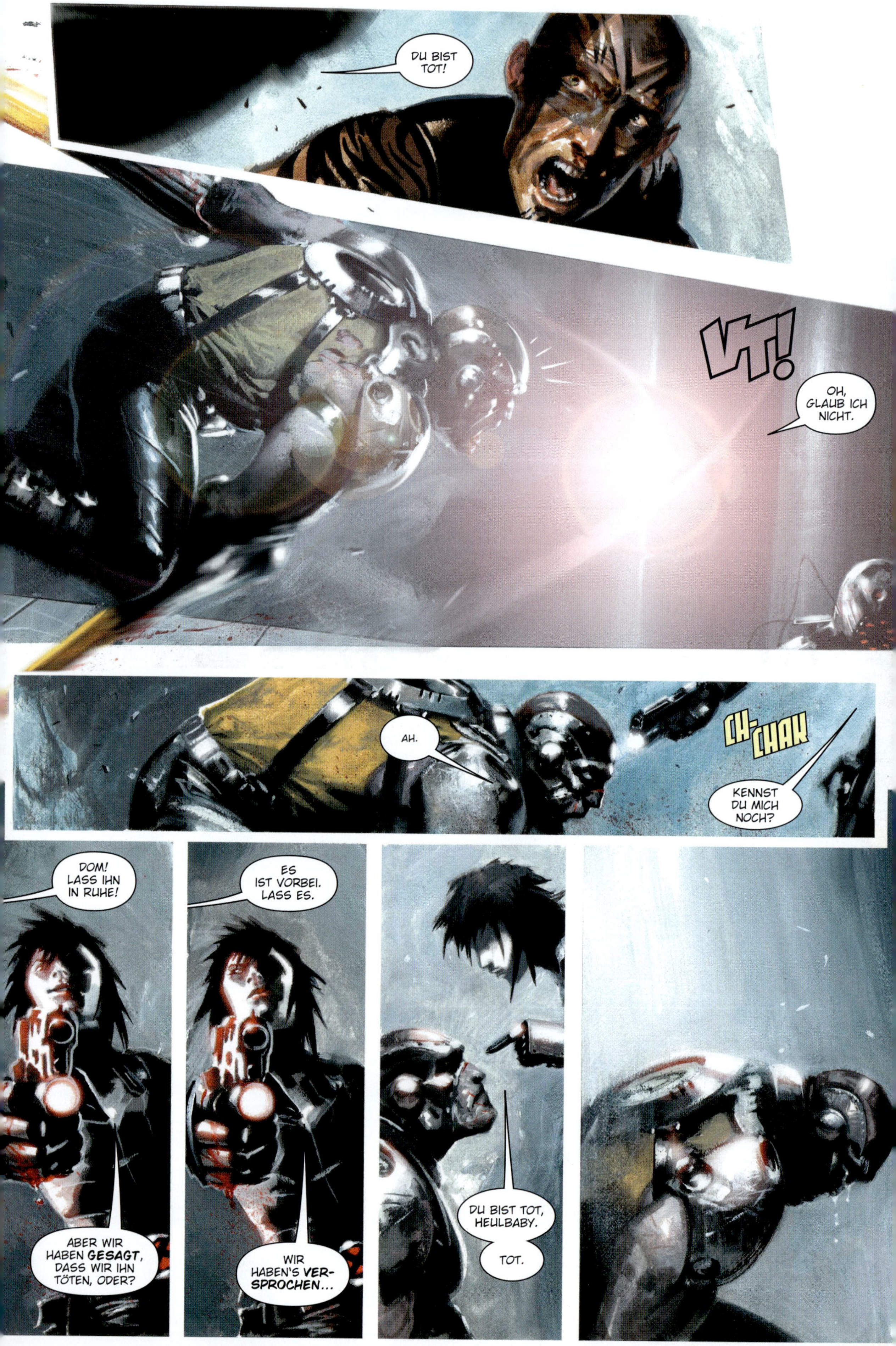

DU BIST TOT!

VT!
OH, GLAUB ICH NICHT.

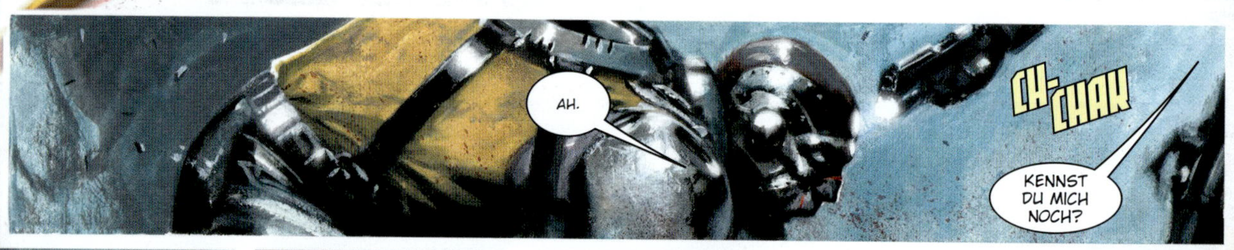

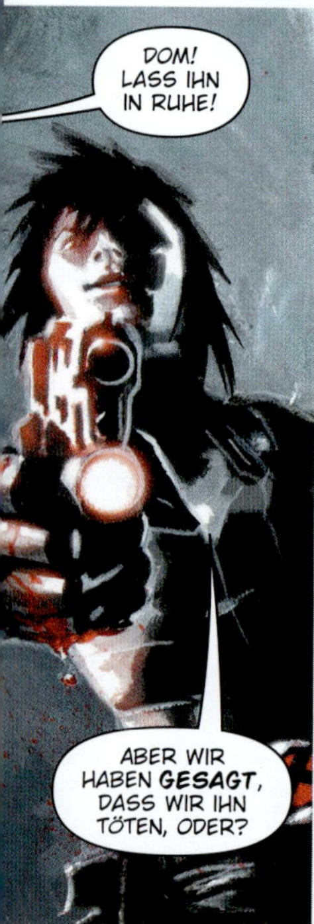

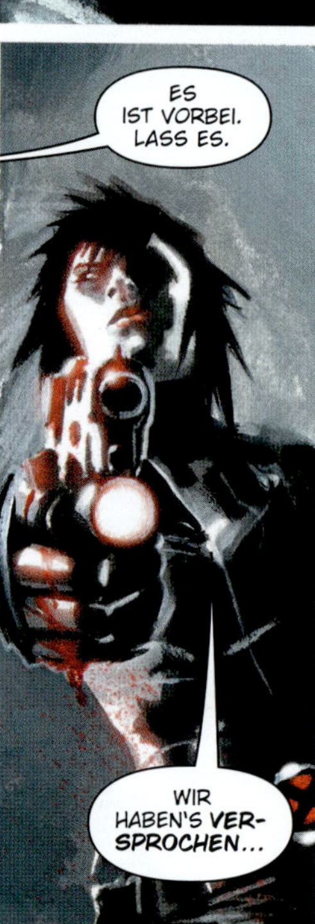

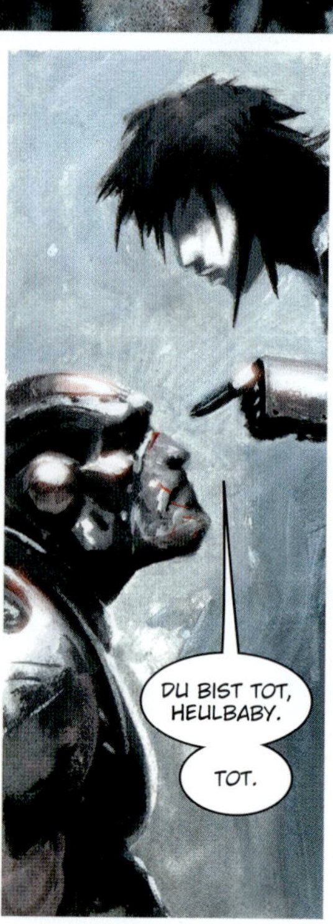

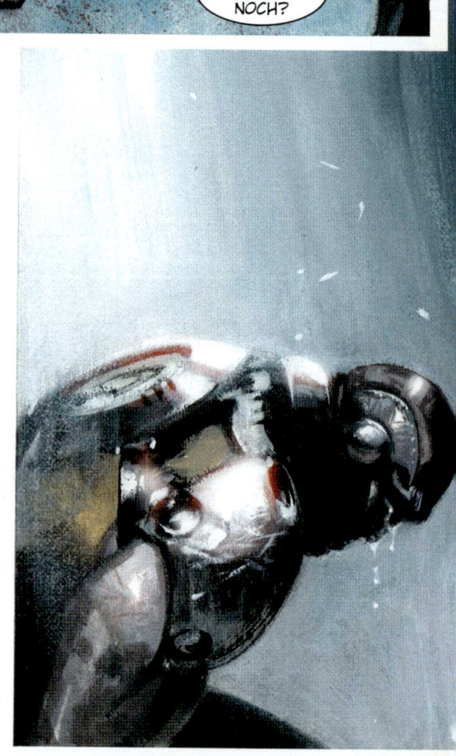

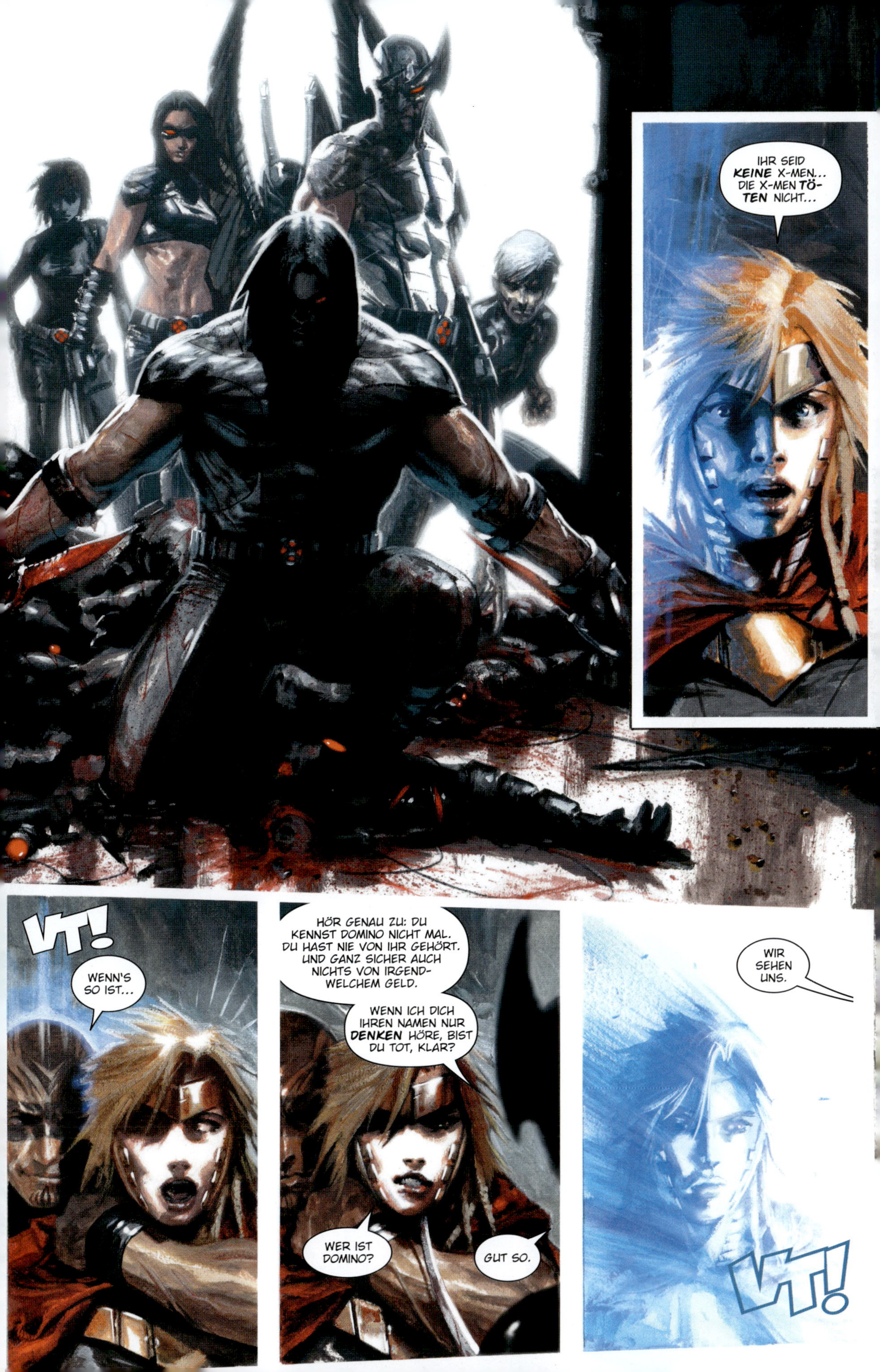

IHR SEID **KEINE** X-MEN... DIE X-MEN **TÖTEN** NICHT...

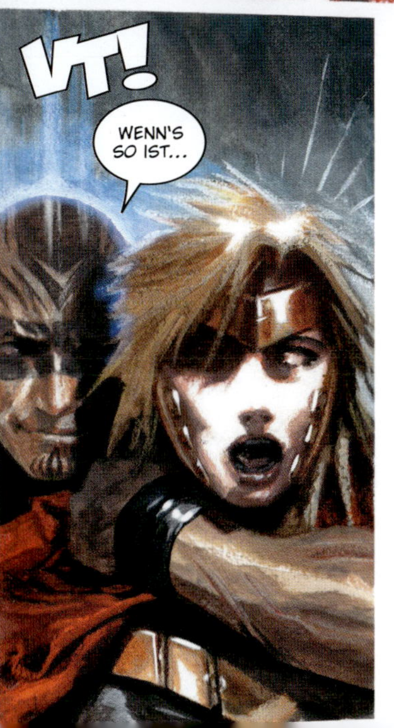

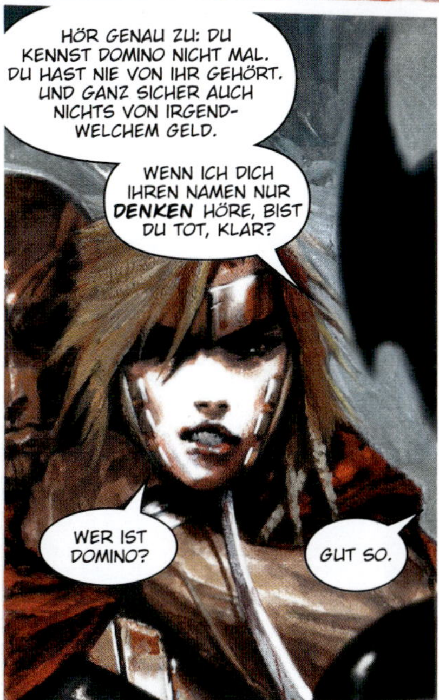

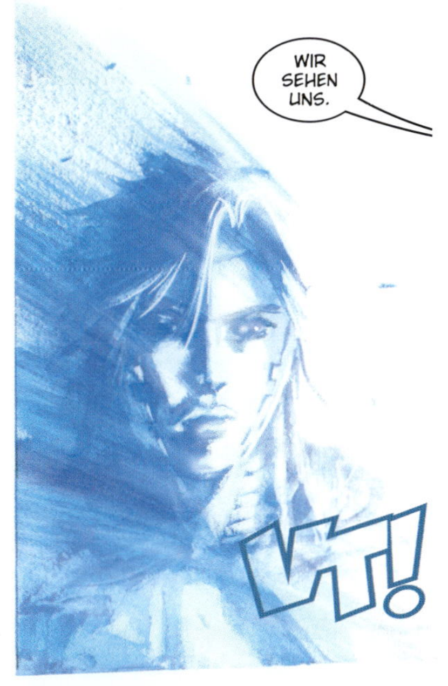

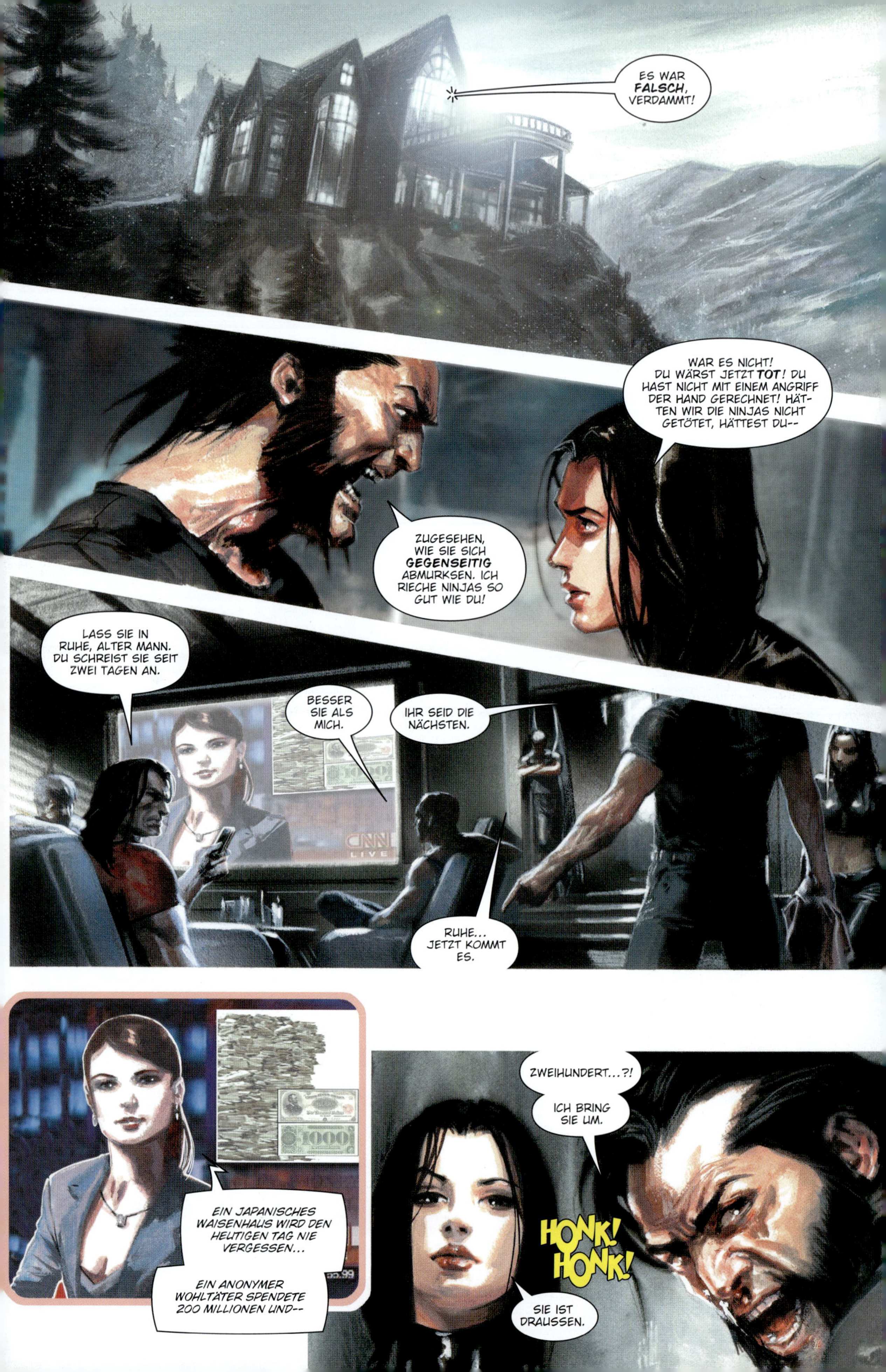

ES WAR **FALSCH**, VERDAMMT!
WAR ES NICHT! DU WÄRST JETZT **TOT**! DU HAST NICHT MIT EINEM ANGRIFF DER HAND GERECHNET! HÄTTEN WIR DIE NINJAS NICHT GETÖTET, HÄTTEST DU--
ZUGESEHEN, WIE SIE SICH **GEGENSEITIG** ABMURKSEN. ICH RIECHE NINJAS SO GUT WIE DU!
LASS SIE IN RUHE, ALTER MANN. DU SCHREIST SIE SEIT ZWEI TAGEN AN.
BESSER SIE ALS MICH.
IHR SEID DIE NÄCHSTEN.
RUHE... JETZT KOMMT ES.

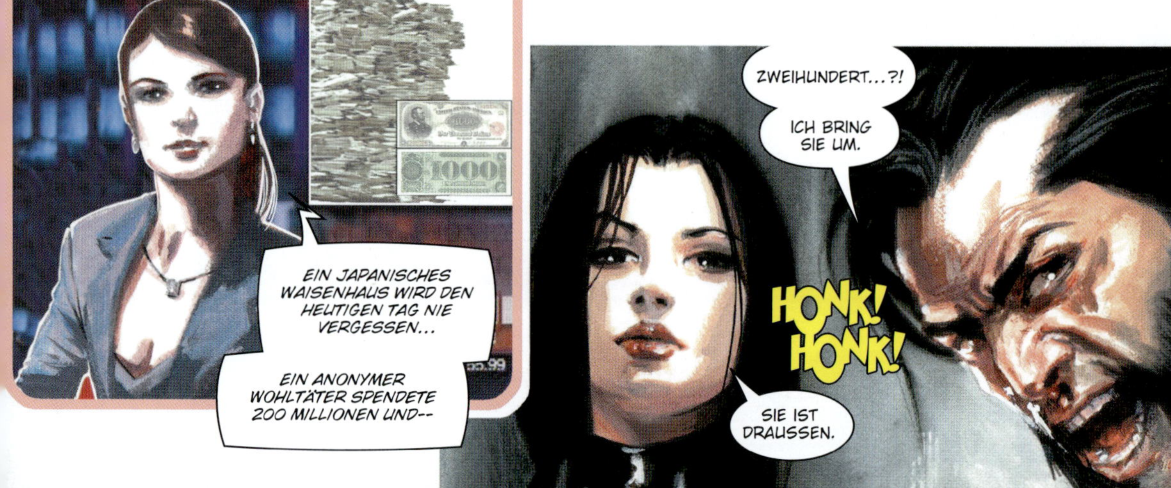
EIN JAPANISCHES WAISENHAUS WIRD DEN HEUTIGEN TAG NIE VERGESSEN...
EIN ANONYMER WOHLTÄTER SPENDETE 200 MILLIONEN UND--
ZWEIHUNDERT...?!
ICH BRING SIE UM.
HONK! HONK!
SIE IST DRAUSSEN.

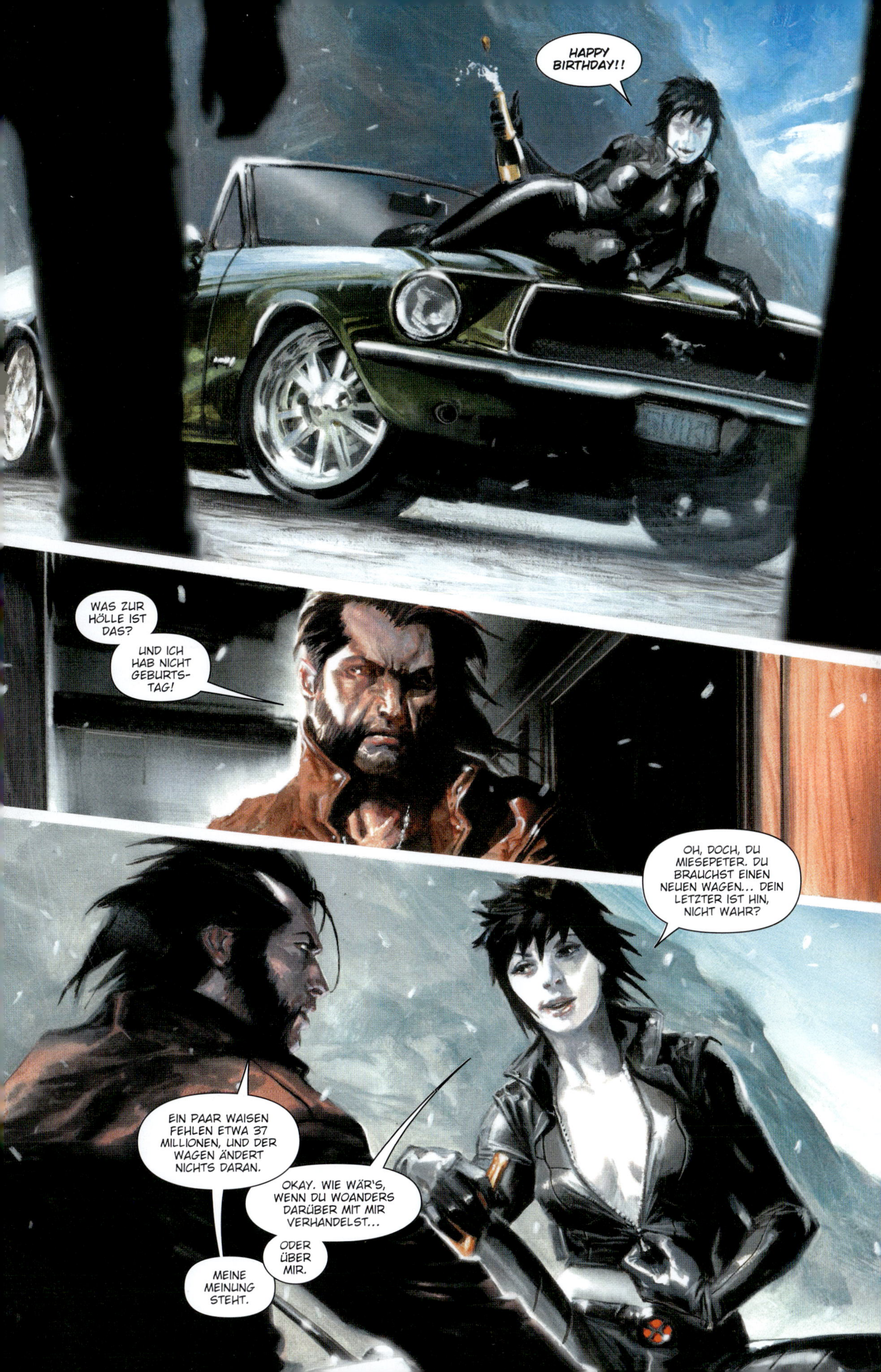
HAPPY BIRTHDAY!!
WAS ZUR HÖLLE IST DAS?
UND ICH HAB NICHT GEBURTS-TAG!
OH, DOCH, DU MIESEPETER. DU BRAUCHST EINEN NEUEN WAGEN... DEIN LETZTER IST HIN, NICHT WAHR?
EIN PAAR WAISEN FEHLEN ETWA 37 MILLIONEN, UND DER WAGEN ÄNDERT NICHTS DARAN.
OKAY. WIE WÄR'S, WENN DU WOANDERS DARÜBER MIT MIR VERHANDELST...
ODER ÜBER MIR.
MEINE MEINUNG STEHT.

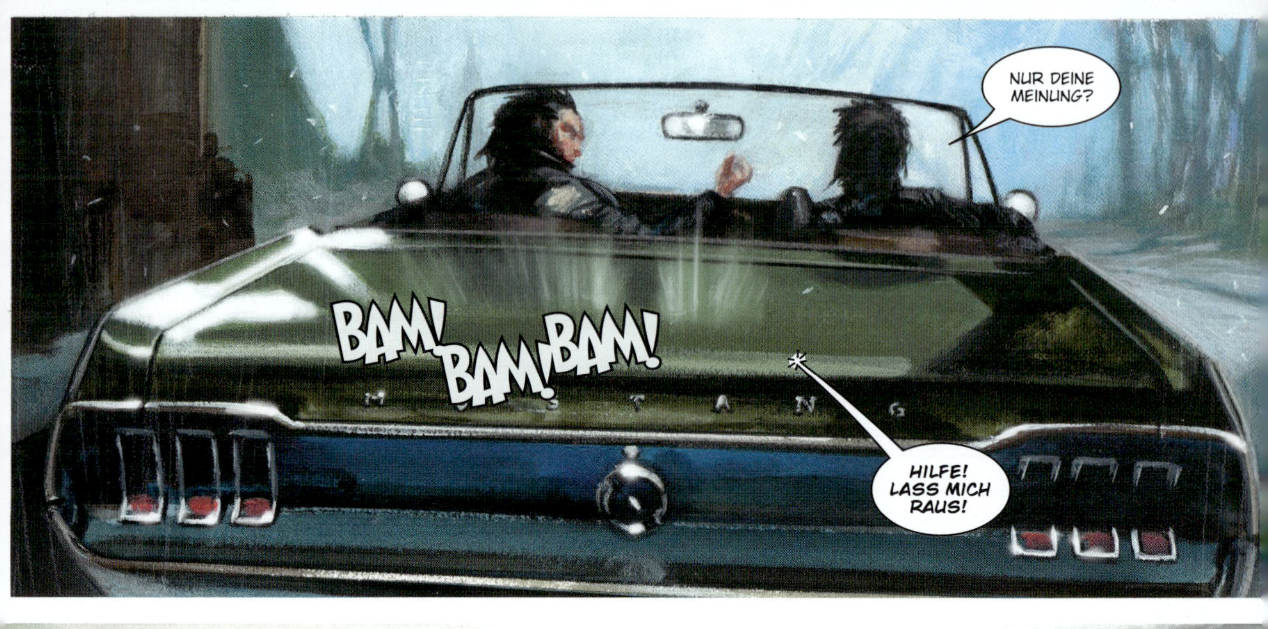

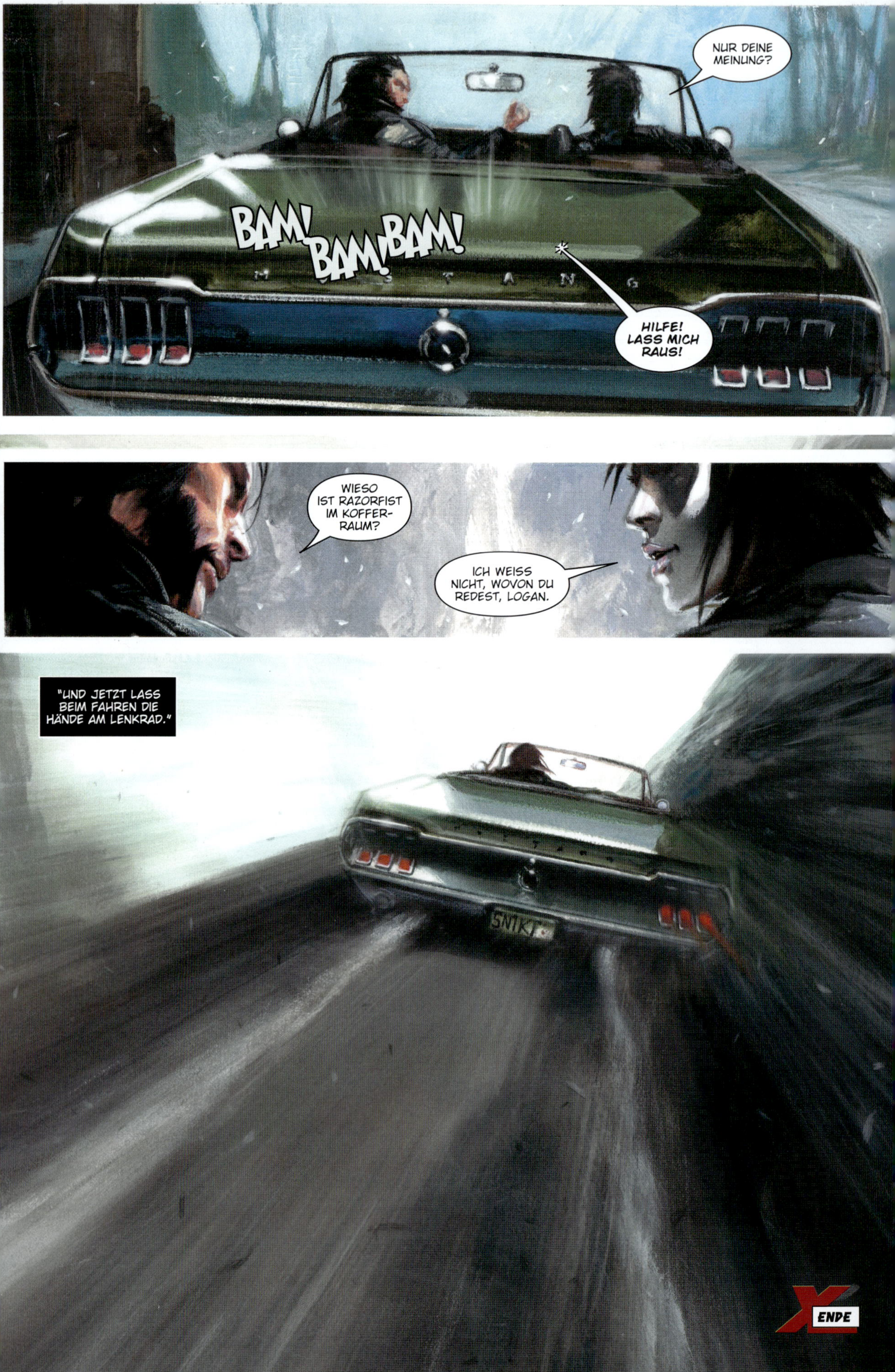

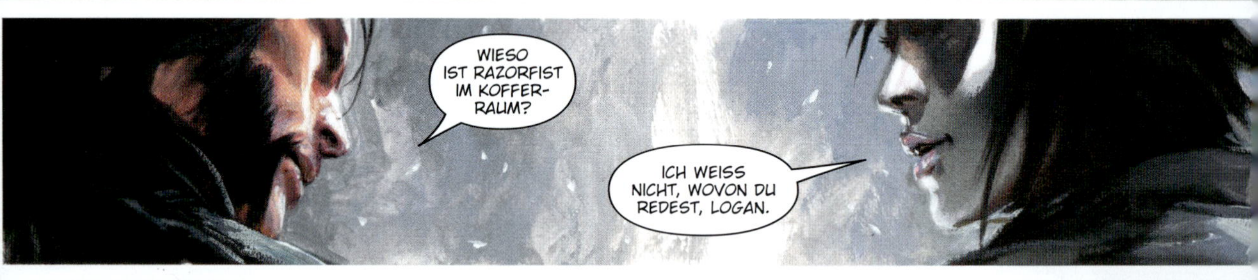

"UND JETZT LASS BEIM FAHREN DIE HÄNDE AM LENKRAD."

SNIKT

ENDE

SKETCHBOOK UND COVER-GALERIE VON GABRIELE DELL'OTTO

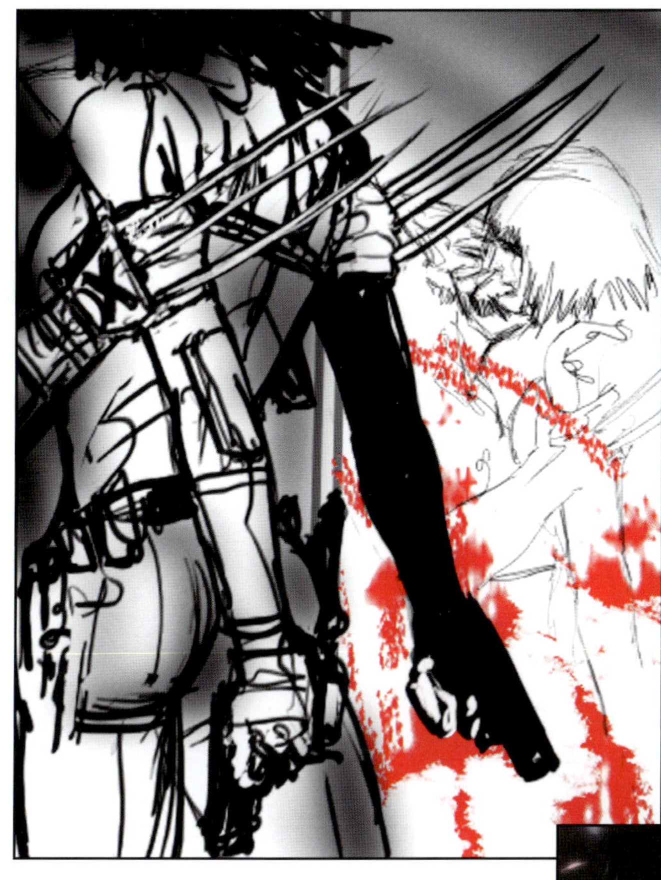

X-Force: Sex and Violence (2010) 1
Skizze und finale Version des Covers

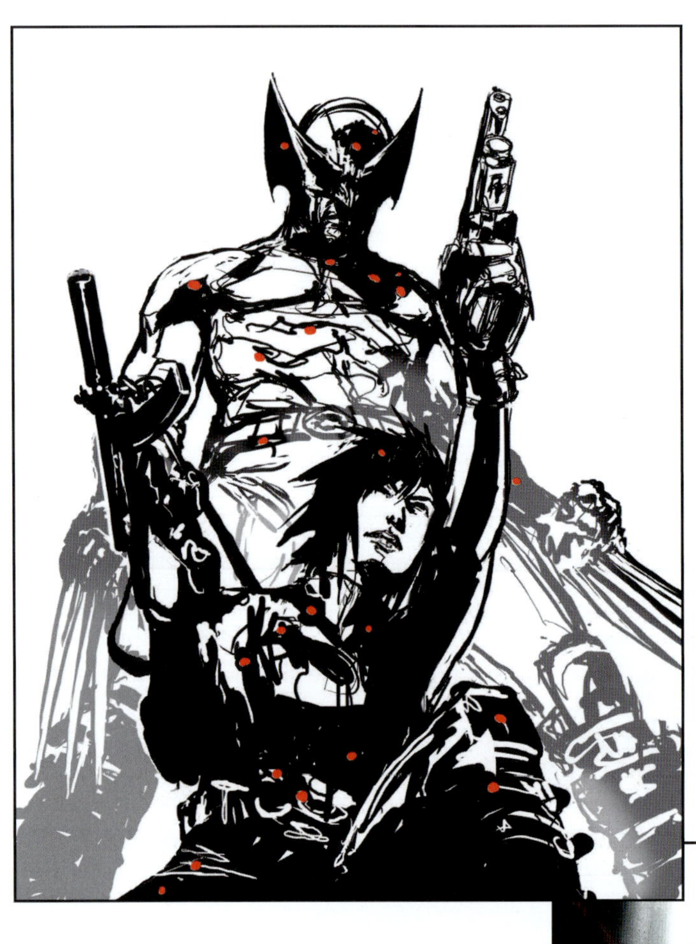

X-Force: Sex and Violence (2010) 3
Skizze und finale Version des Covers

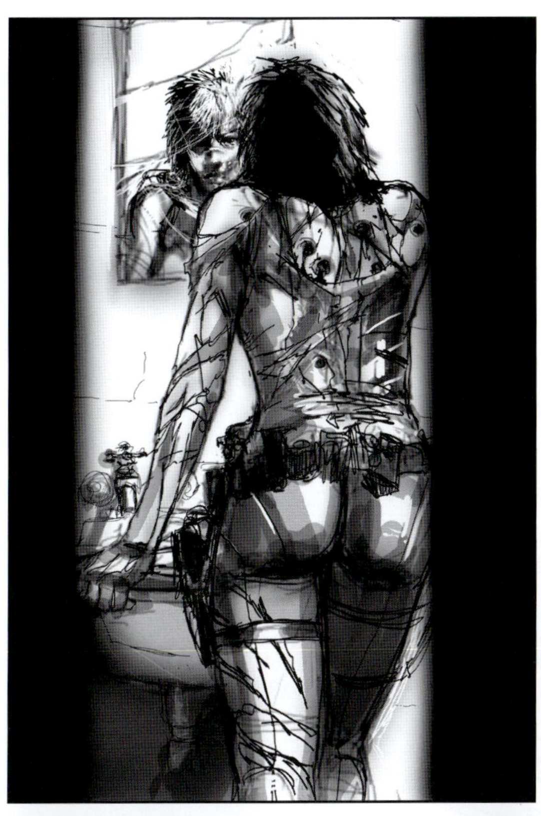

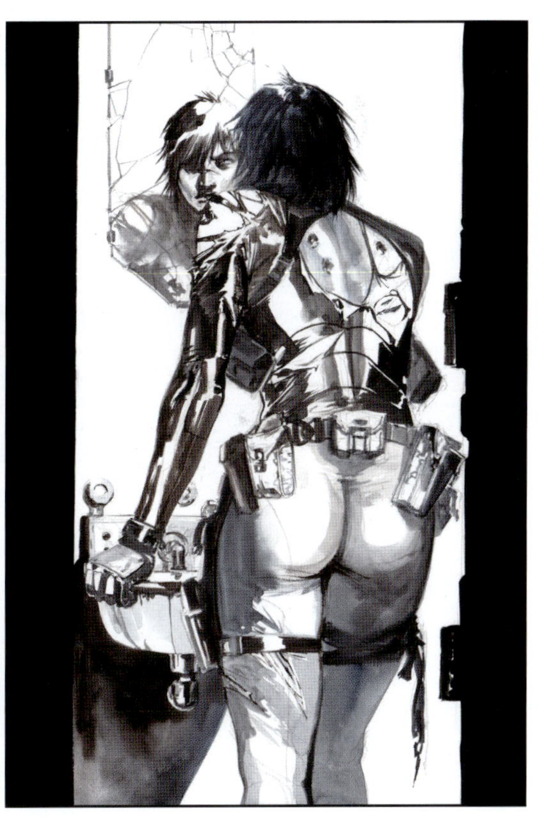

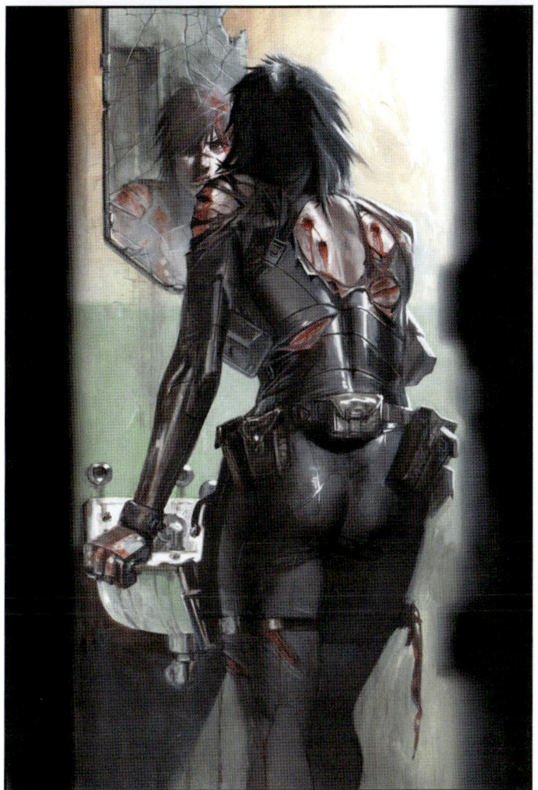

X-Force: Sex and Violence (2010) 1, Seite 2
Skizze, getuschte Zeichnung und finale Version

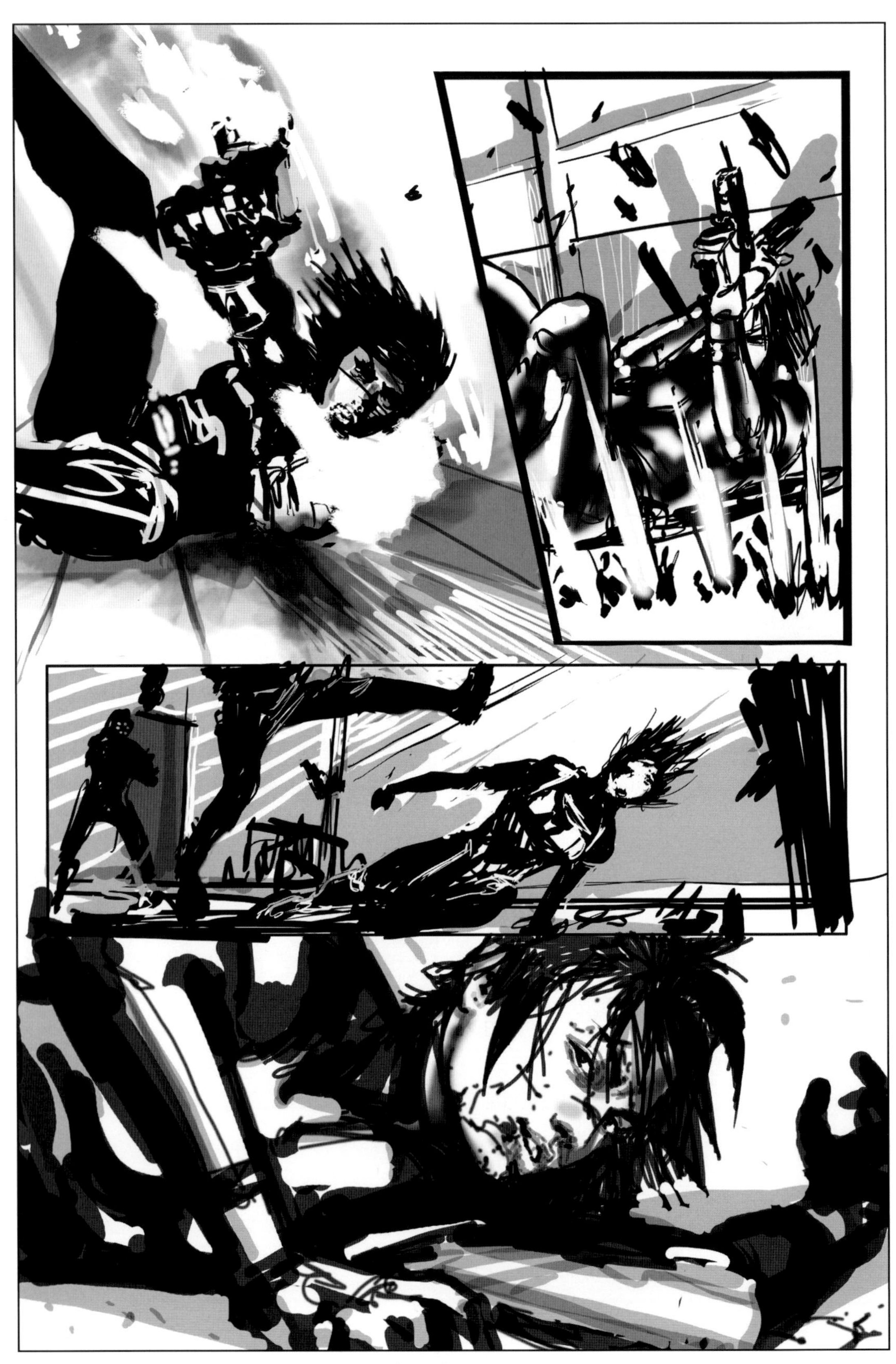

X-Force: Sex and Violence (2010) 1, Seite 4
Skizze

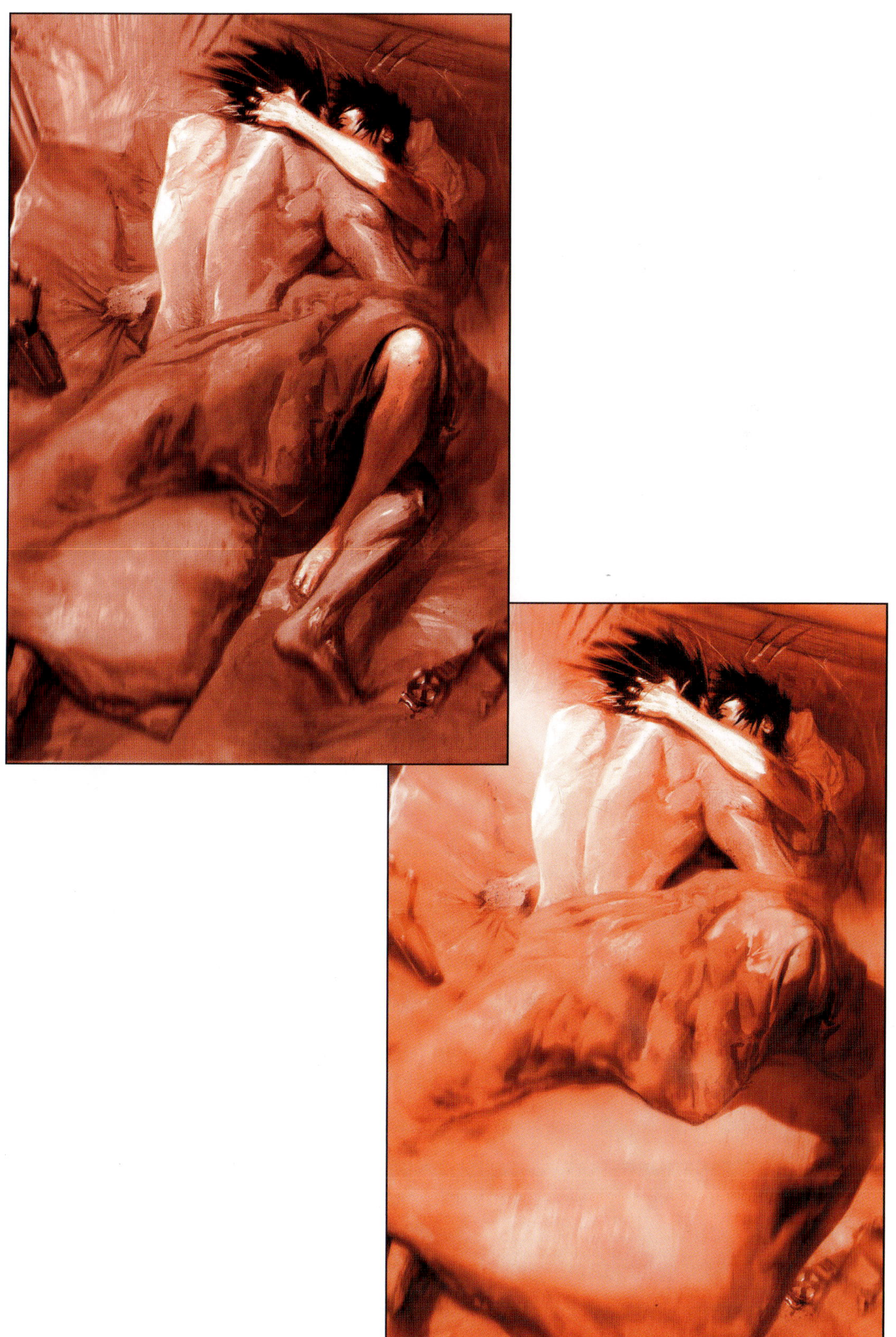

X-Force: Sex and Violence (2010) 2, Seite 10
Original-Version und finale Version

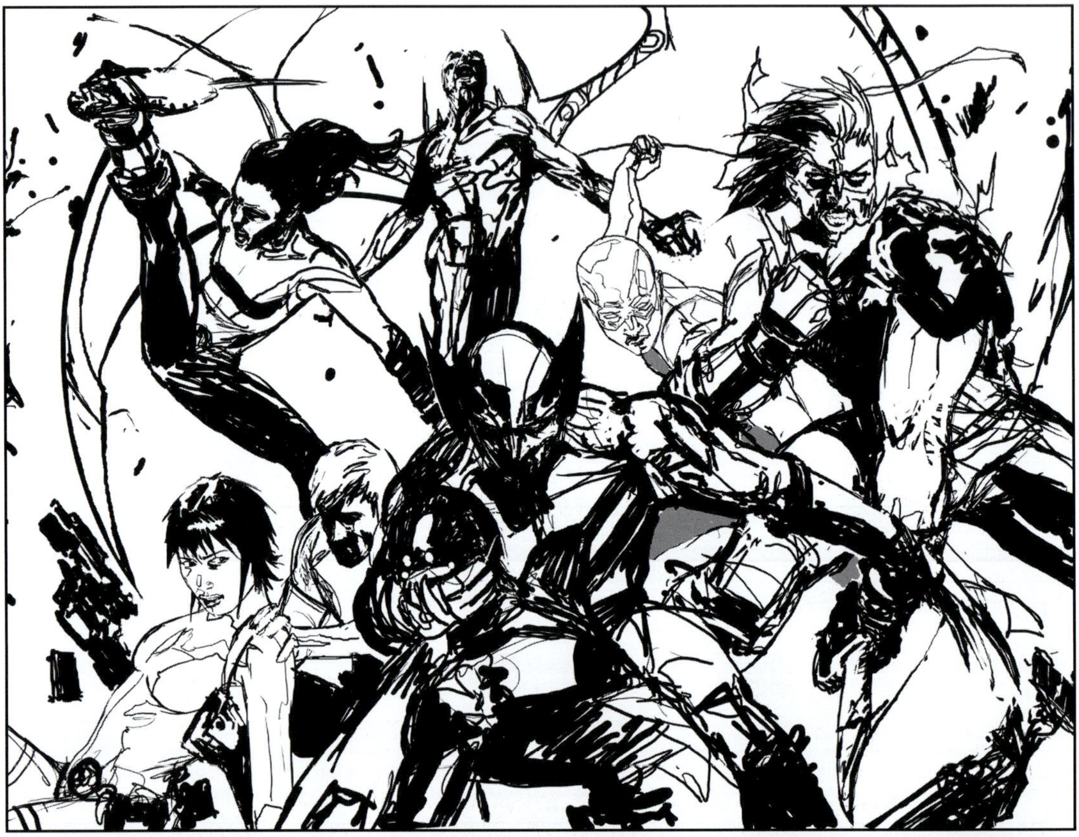

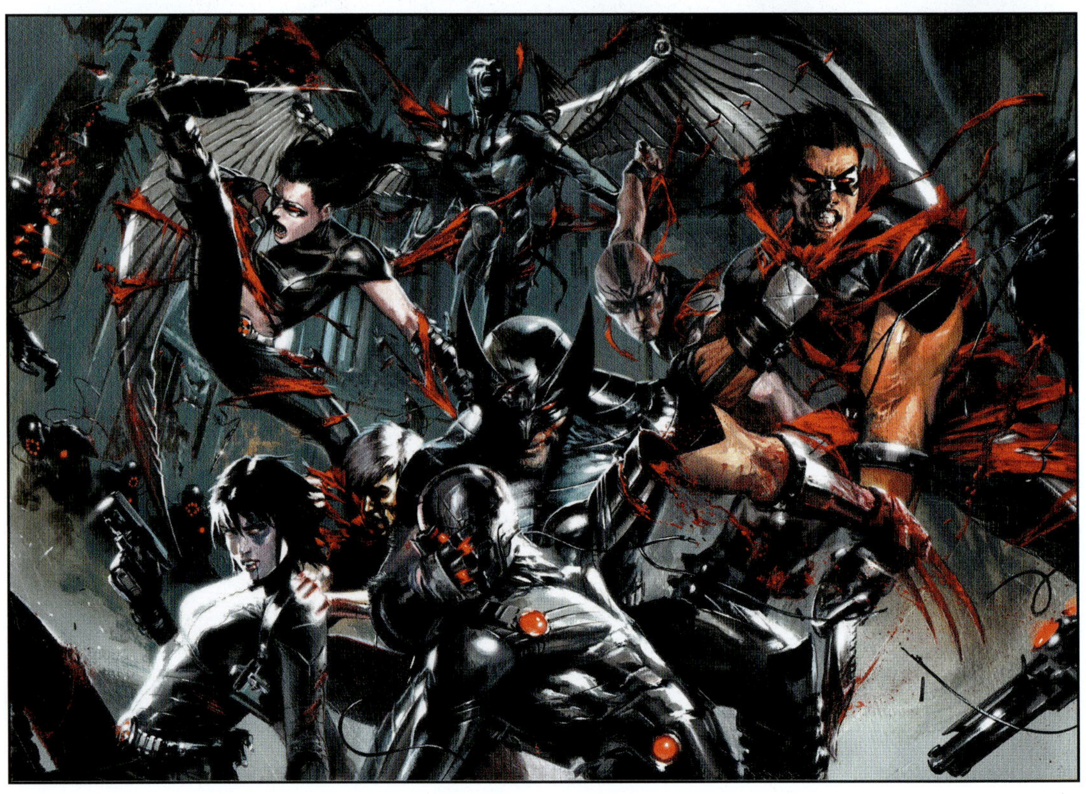

X-Force: Sex and Violence (2010) 3, Seiten 16-17
Skizze und finale Version

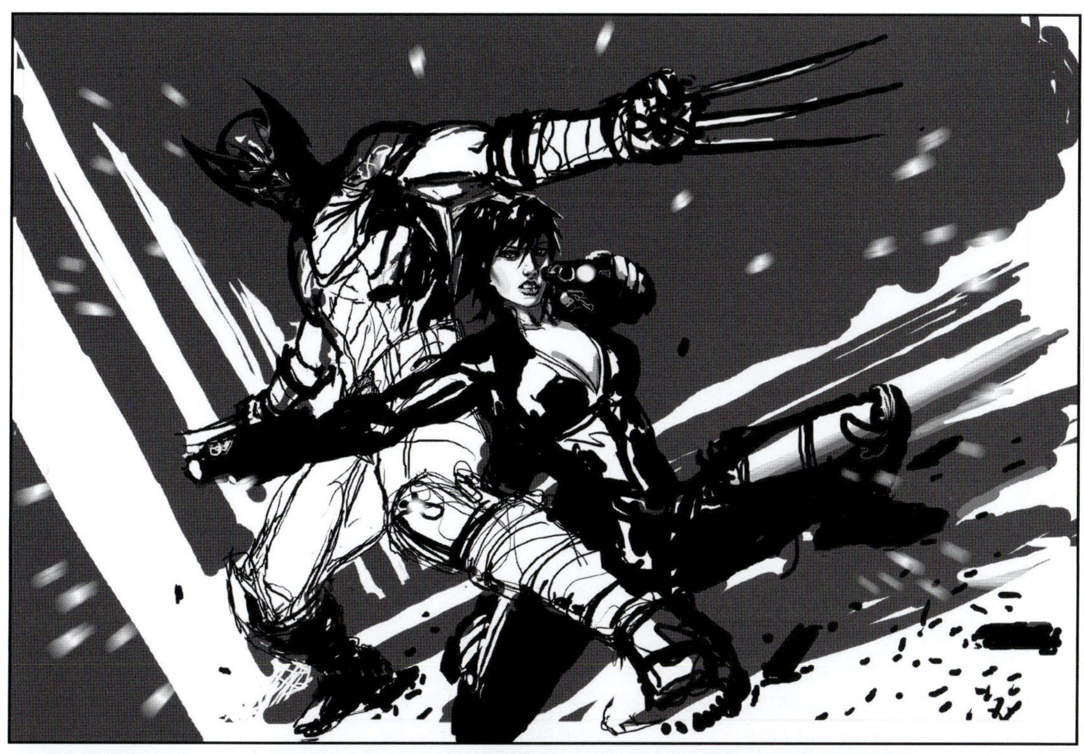

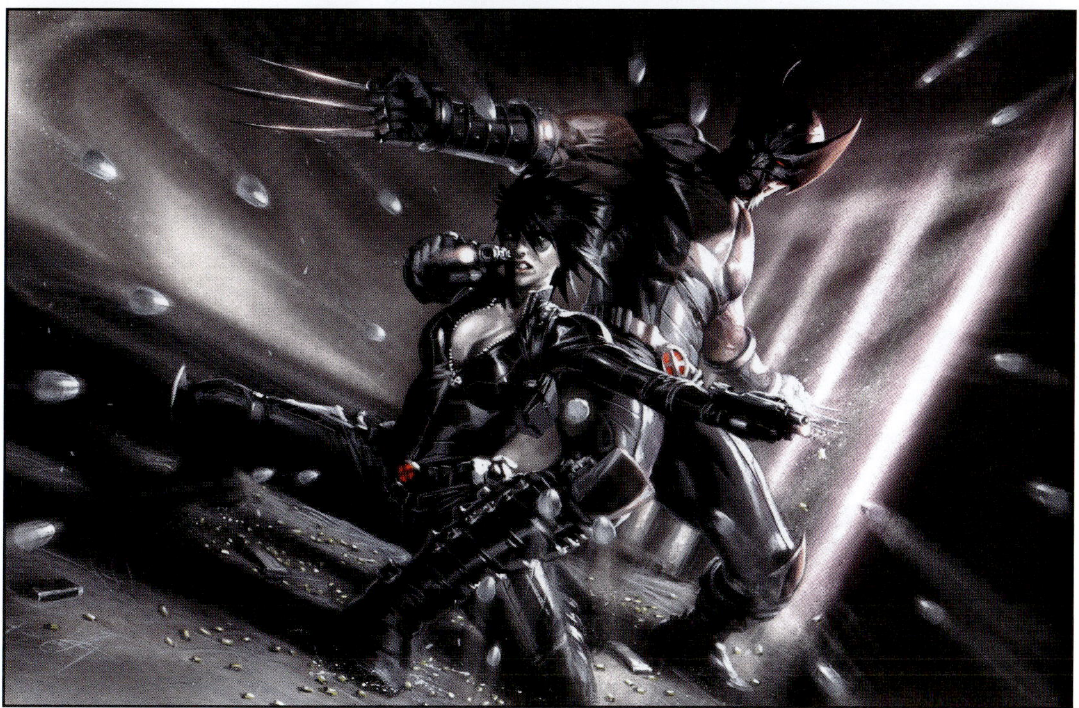

Lithografien von Wolverine und Domino

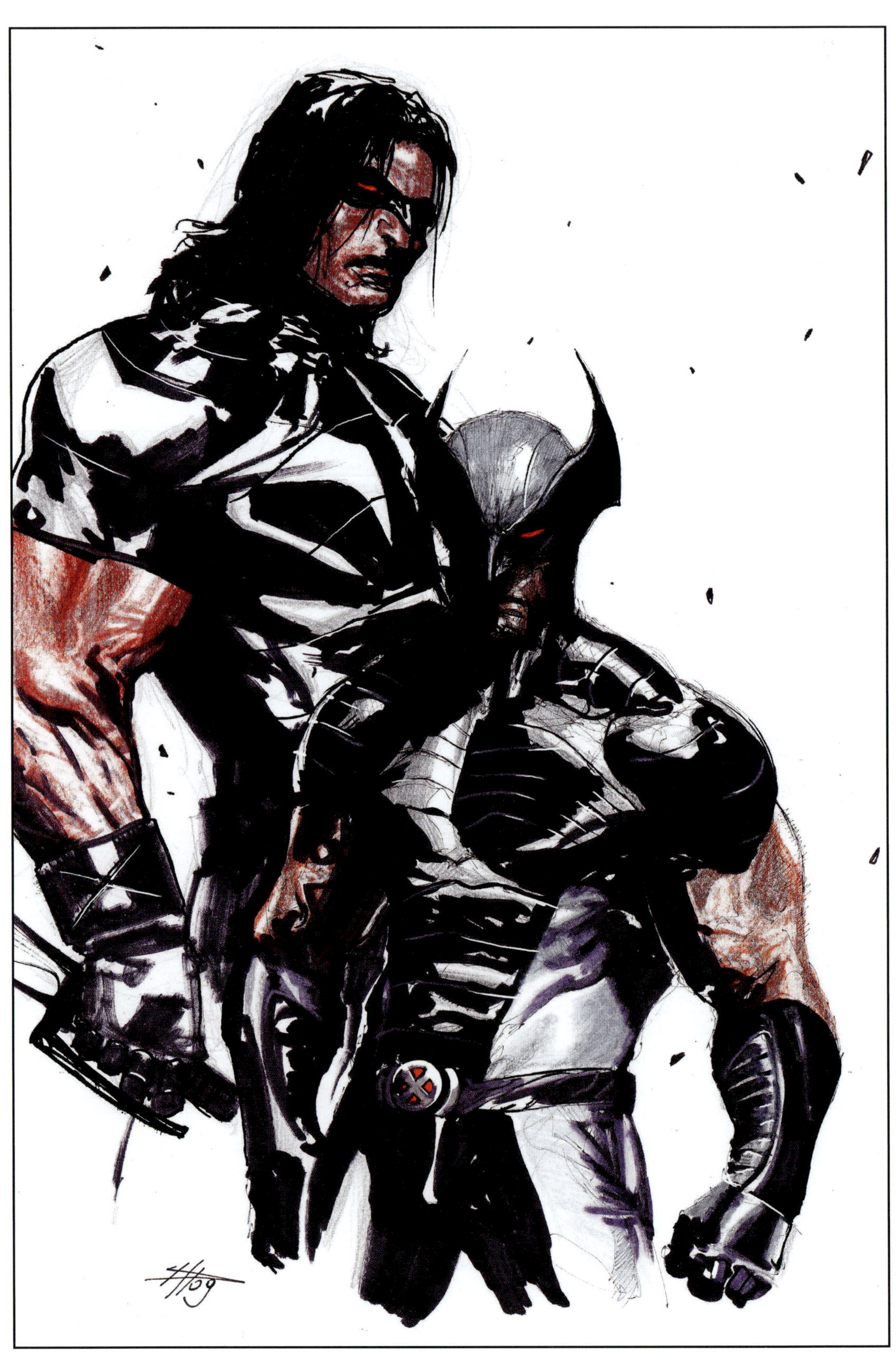

Zeichnung von Warpath und Wolverine

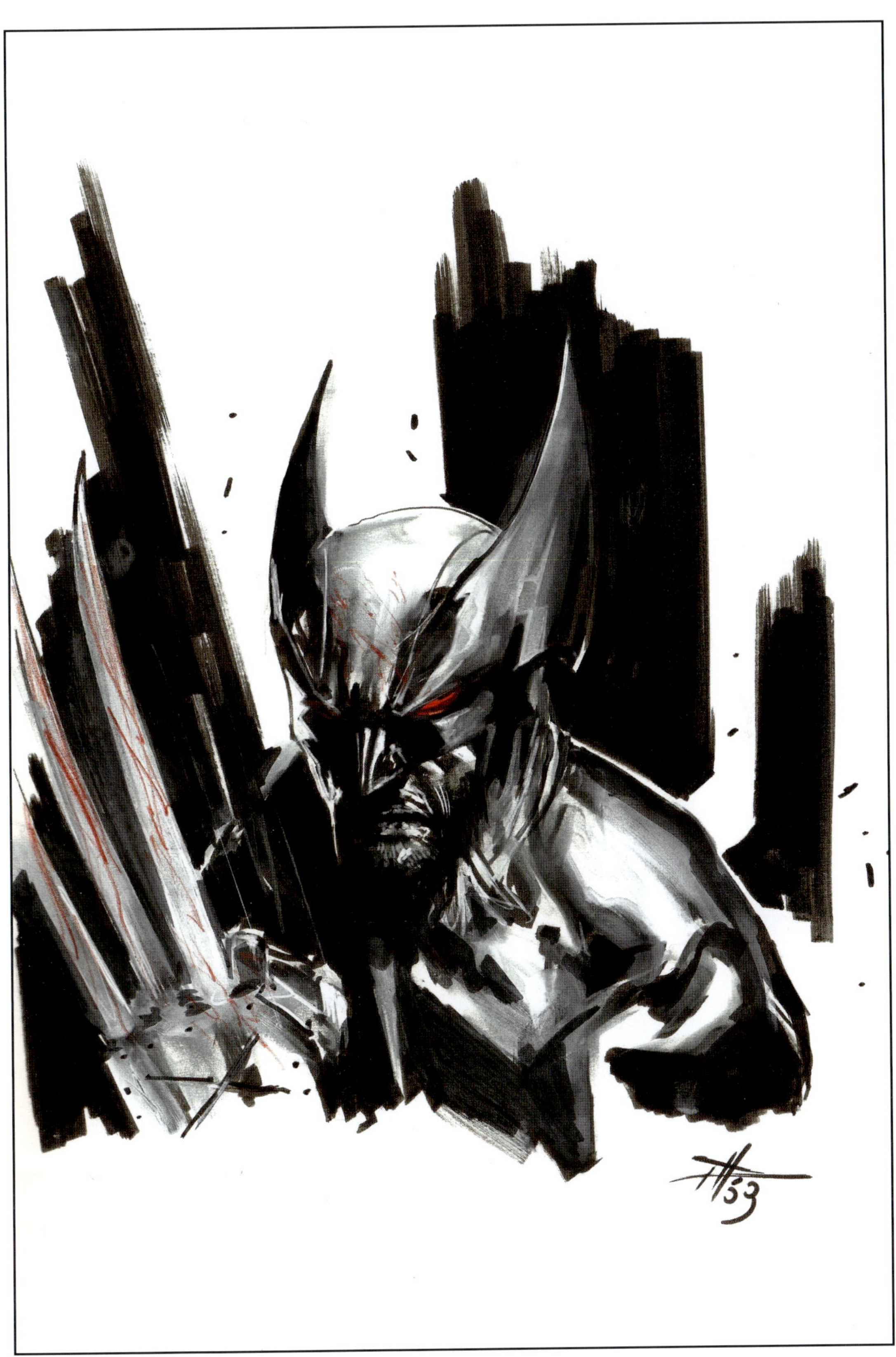

Zeichnung von Wolverine

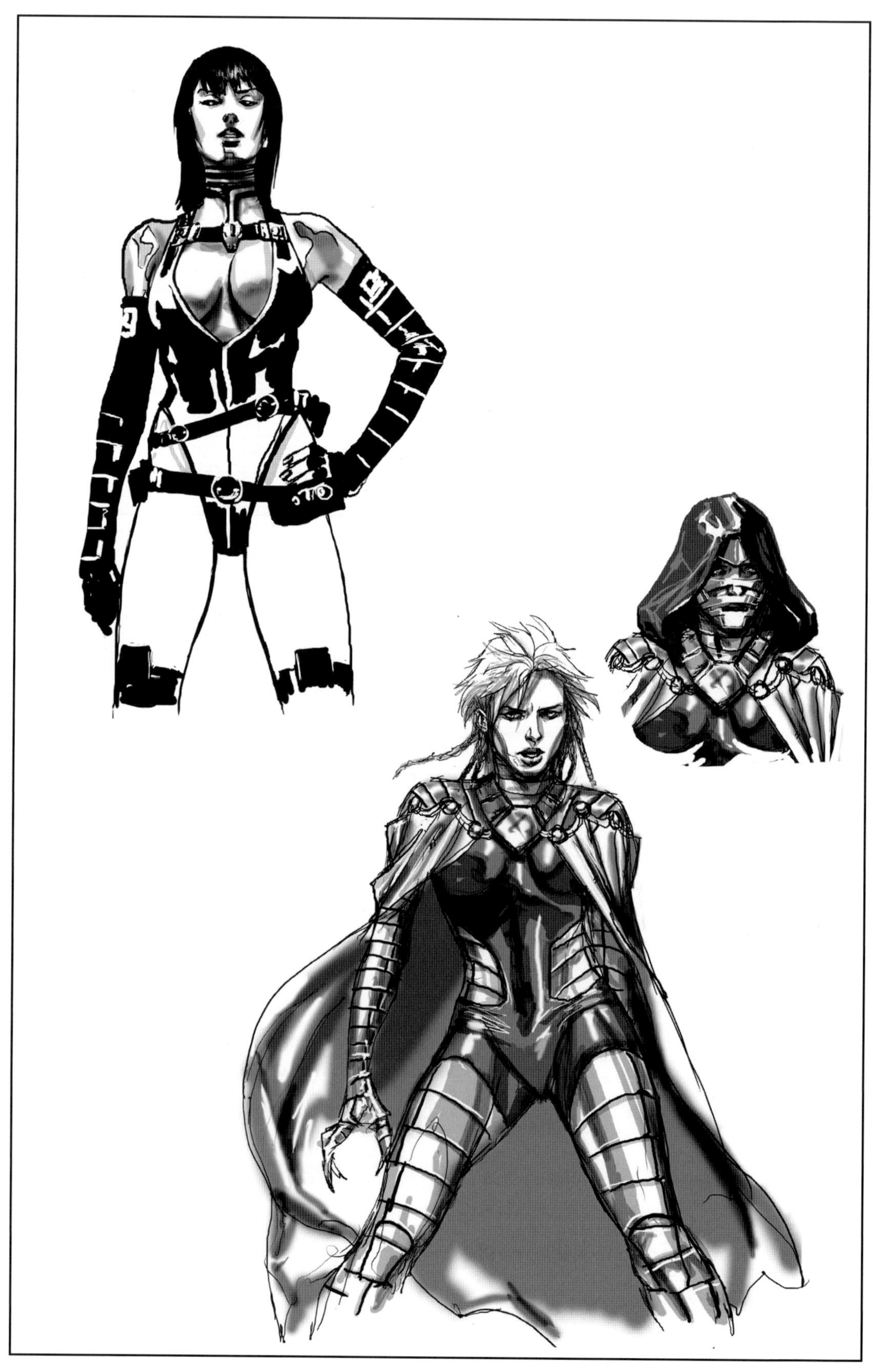

Charakterstudien zu Black Mamba und Belladonna

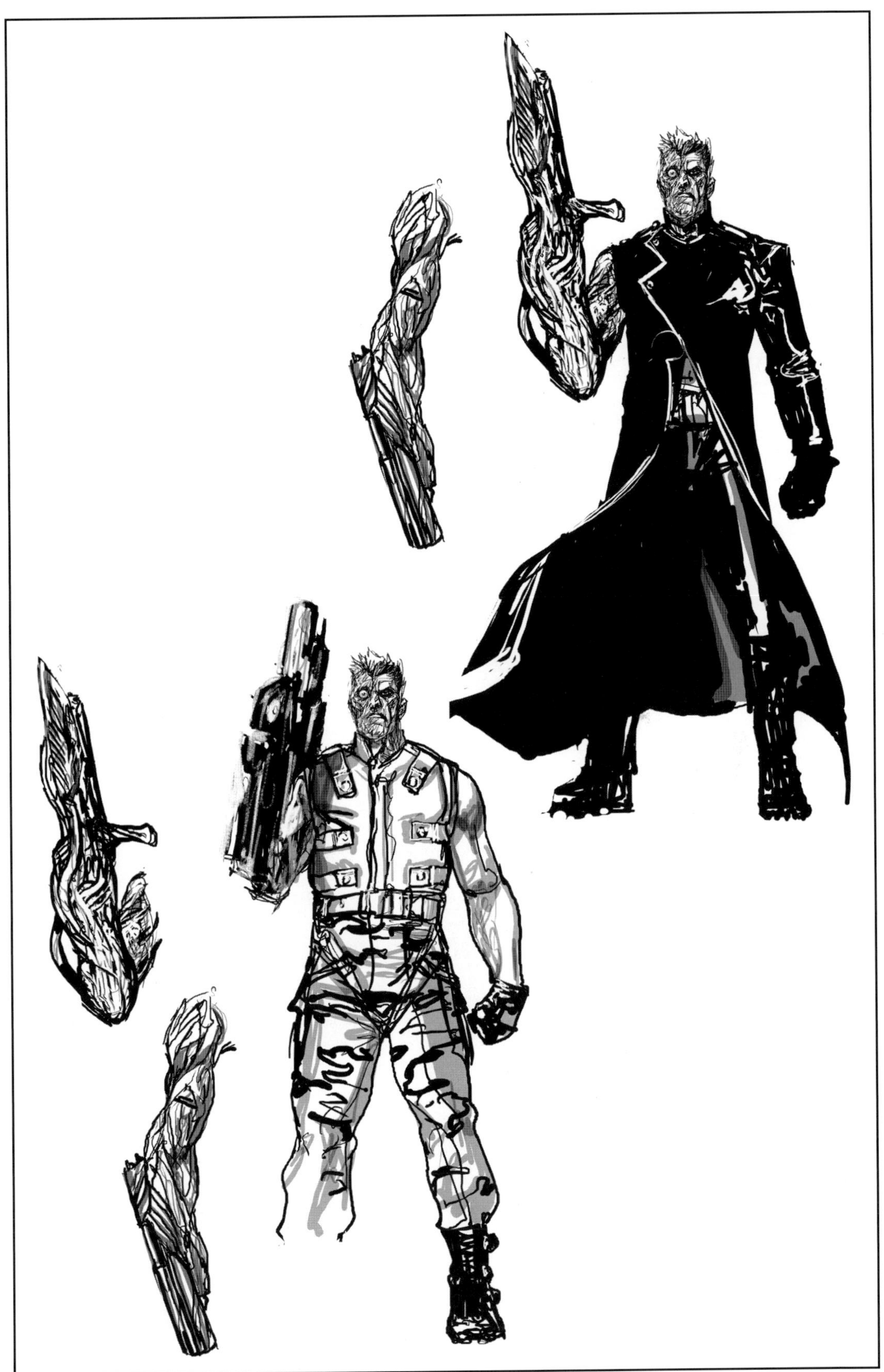

Charakterstudien zu Bushwacker

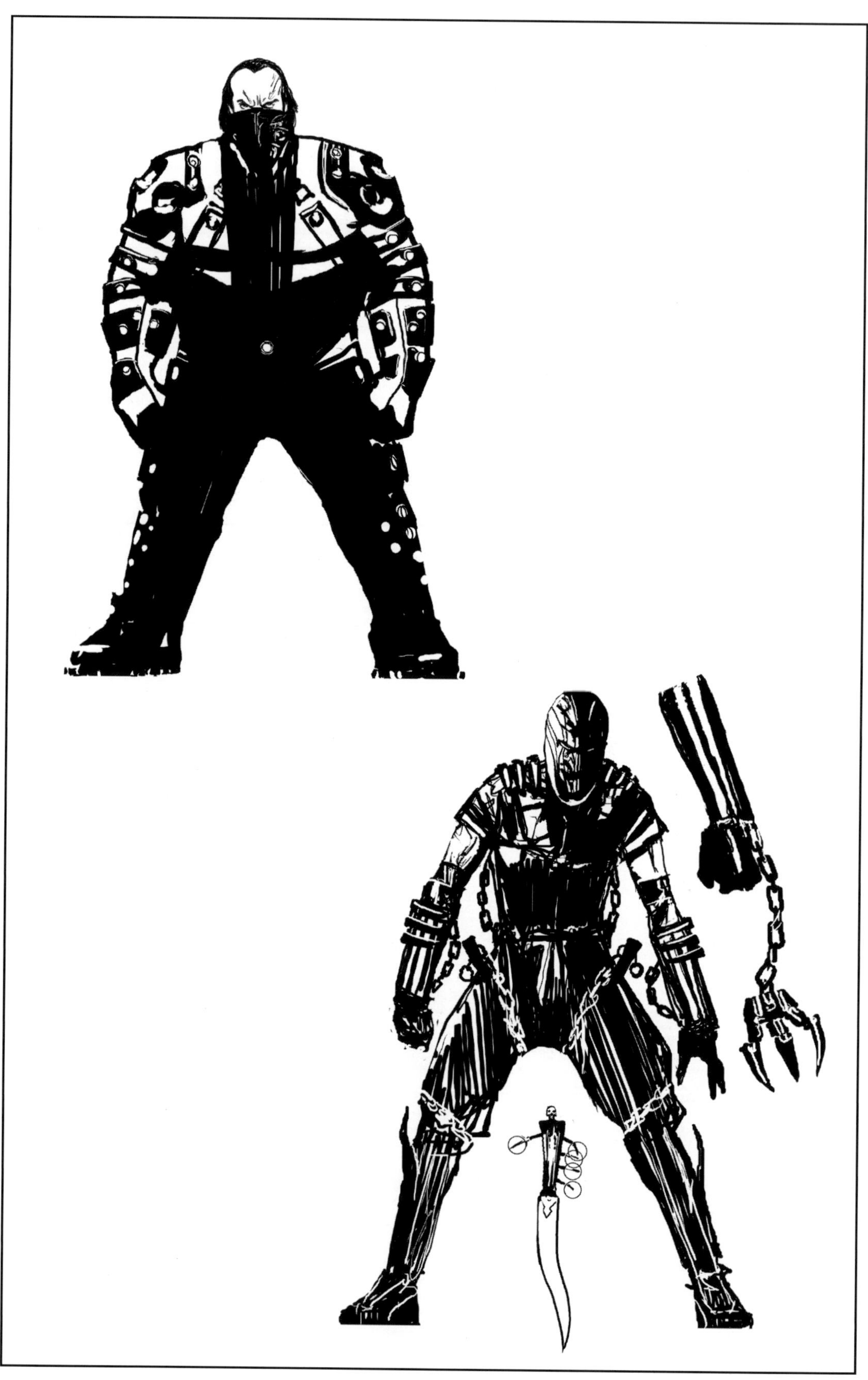

Charakterstudien zu Bullet und Nakh

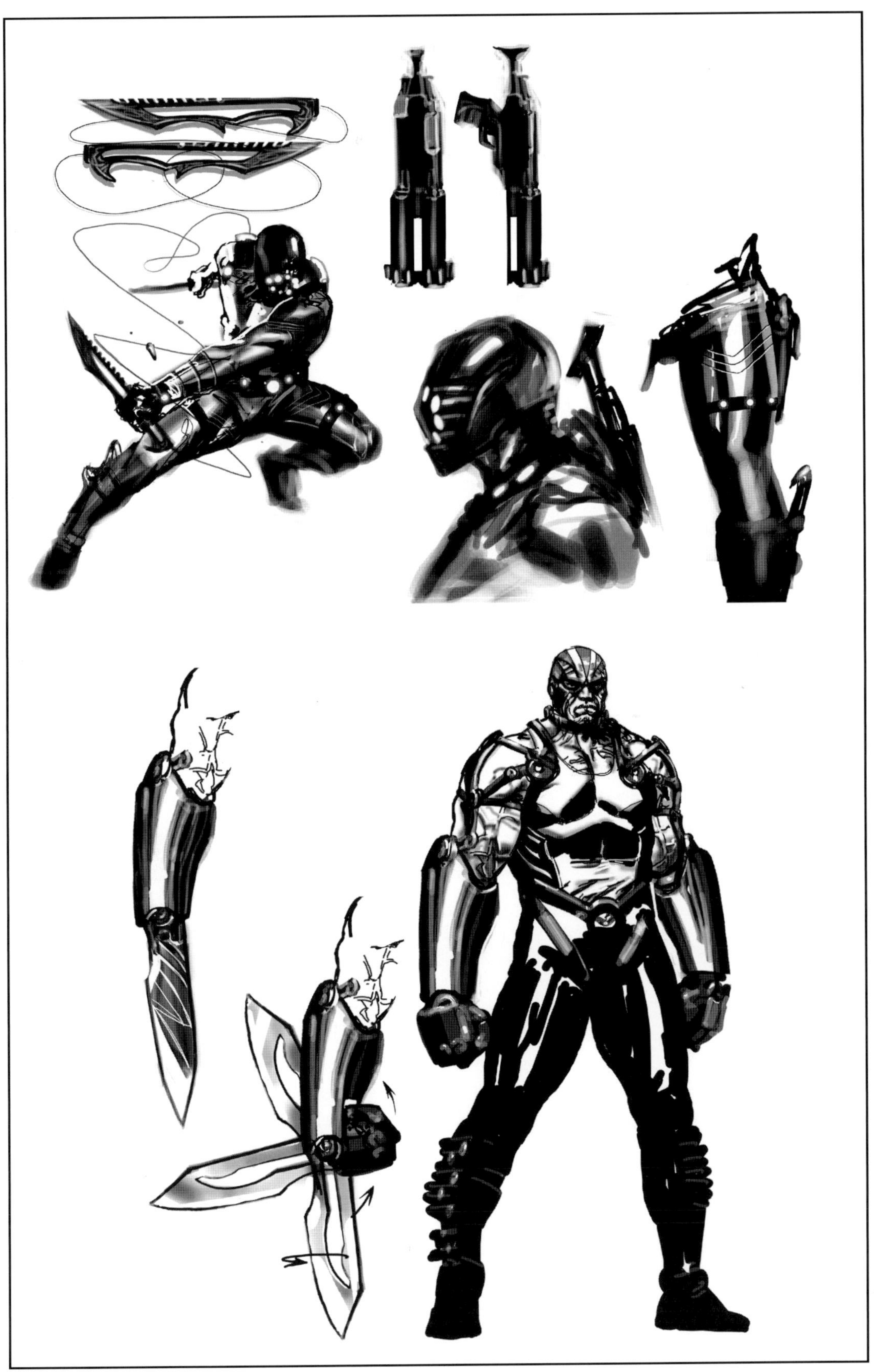

Charakterstudien zu Ninja und Razorfist

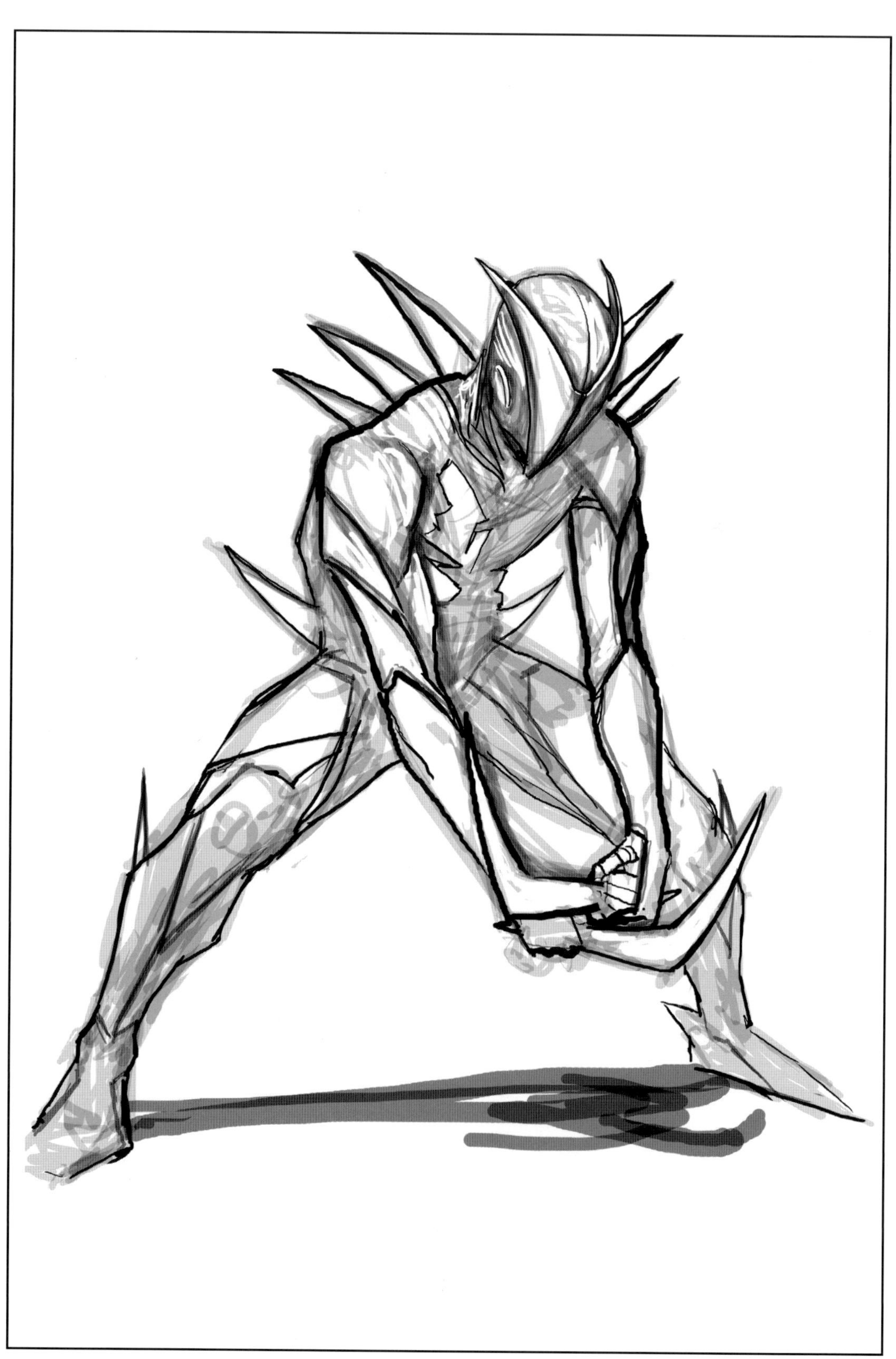

Charakterstudien zu Boomerang

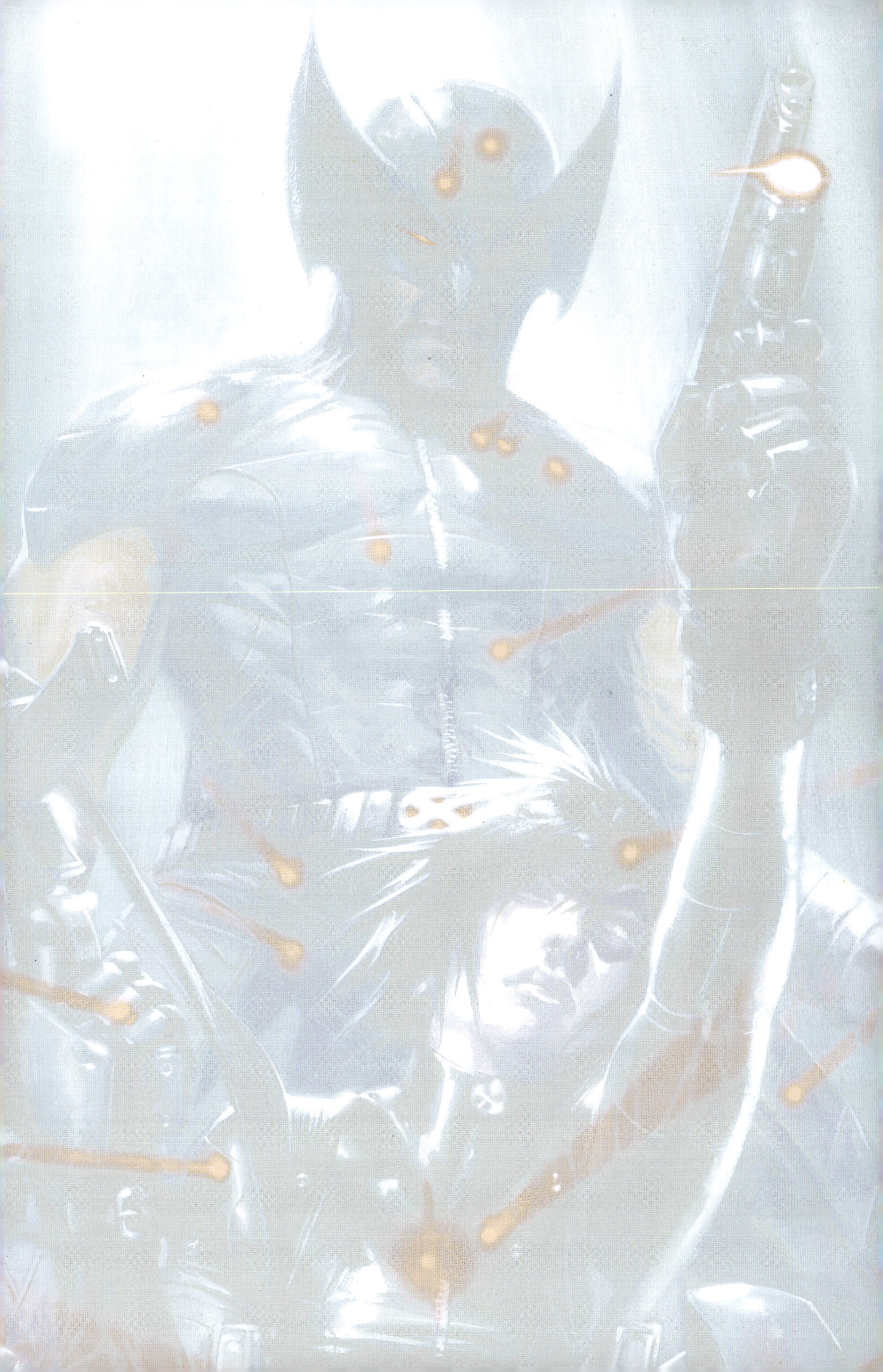

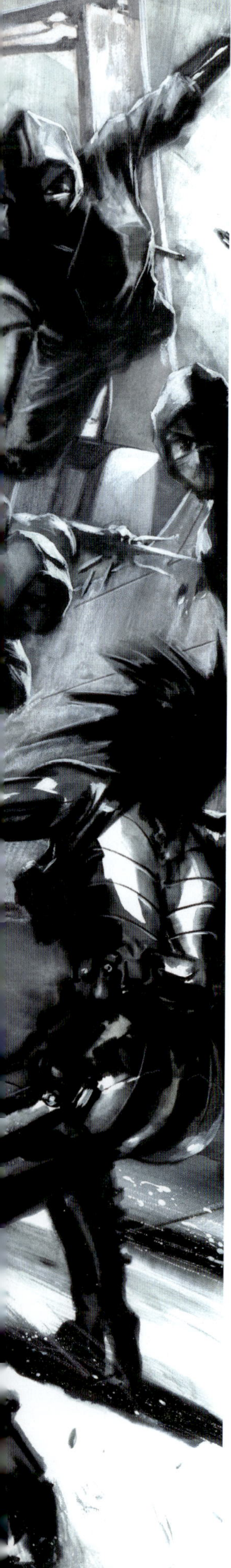

DIE MACHER

CRAIG PAUL KYLE machte sich in Hollywood vor allem als Autor und Produzent von Marvel Animated Features einen Namen – acht Zeichentrickfilme wie *Ultimate Avengers* I & II, *Invincible Iron Man, Hulk vs. Thor, Hulk vs. Wolverine, Planet Hulk* oder *Thor: Tales of Asgard*, die zwischen 2006 und 2011 auf Video veröffentlicht wurden. Im Anschluss fungierte er für die Blockbuster *Thor* und *Thor – The Dark Kingdom* als Produzent und schrieb 2017 mit Chris Yost und Eric Pearson das Drehbuch zu *Thor: Tag der Entscheidung*. Gemeinsam mit Yost schuf er für die TV-Serie *X-Men: Evolution* 2003 auch den weiblichen Wolverine-Klon X-23. Marvel betraute beide 2005 damit, die beliebte Figur in die Comic-Welt zu überführen. Zunächst mit einer eigenen Miniserie und später als Teil der *New X-Men*, die sie als Co-Autoren verfassten. Aus den *New X-Men* wurden die *Young X-Men* und letztlich das wiederbelebte *X-Force*. In all dieser Zeit blieb Kyle seinen Wurzeln treu. Von 2003 bis 2009 schrieb oder produzierte er diverse TV-Folgen für *Spider-Man: The New Animated Series, Fantastic Four* und *Wolverine and the X-Men*. Für Netflix entwickelte er zuletzt mit Greg Johnson die Zeichentrickreihe *Pacific Rim: The Black*, eine Fortsetzung der gleichnamigen Realkinofilme von 2013 und 2018.

CHRISTOPHER LEE YOST startete seine Karriere 2002 als Praktikant in Marvels Niederlassung an der Westküste. Dank spekulativ eingereichter Skripts erregte er die Aufmerksamkeit der Vorgesetzten. Sie beauftragten ihn 2003, einige Episoden für *X-Men: Evolution* zu schreiben. Von 2004 bis 2017 war er für die Animationsreihen *The Batman, Teenage Mutant Ninja Turtles, Fantastic Four: World's Greatest Heroes, Wolverine and the X-Men, Iron Man: Armored Adventures, The Avengers: Earth's Mightiest Heroes* und *Star Wars Rebels* tätig. 2019 bzw. 2021 brachte Yost Storys für die Live-Action-Titel *The Mandalorian* von Disney+ und *Cowboy Bebop* von Netflix zu Papier. Zudem schrieb er Drehbücher zu den Kinostreifen *Thor – The Dark Kingdom, Max Steel, Thor: Tag der Entscheidung* und zur Superheldenkomödie *Secret Headquarters*. Mit zwei Kurzgeschichten für *Spider-Man Unlimited* und *X-Men Unlimited* debütierte er 2005 als Comic-Autor. Viele Miniserien über die Avengers und X-Men wie zum Beispiel *X-23: Innocence Lost, Psylocke, X-Men: Worlds Apart* und *X-Men: Second Coming* folgten. Nebenbei verfasste er SCARLET SPIDER. Seine vorerst letzten Projekte für Marvel waren 2015 AMAZING X-MEN und *M.O.D.O.K. Assassin*.

GABRIELE DELL'OTTO ist ein italienischer Illustrator und Autor, der in Rom geboren wurde. Seine aufwendig gemalten Bilder sind in Kalendern, Büchern und wissenschaftlichen Magazinen zu bestaunen. Am bekanntesten sind jedoch seine Titelbilder für Videospiele, Magazine und Comics. 1998 begann Dell'Otto, für PANINI zu arbeiten, und produzierte Cover, Poster und Lithografien für Italien, Frankreich und Deutschland. Kurz darauf folgten Aufträge von IPP, Ehapa und MG Publishing. 2002 wurden seine Werke Marvel-Chefredakteur Joe Quesada vorgestellt, der ihn sofort für die grafische Umsetzung der Nick Fury-Miniserie SECRET WAR engagierte. Im Jahr 2009 unterzeichnete der Künstler einen Exklusivvertrag mit dem Haus der Ideen. Anschließend war Dell'Otto maßgeblich als Cover-Illustrator tätig und hat rund 150 Titelbilder für Marvel gestaltet. Neben dem vorliegenden Band setzte er *Origins of Marvel Comics: X-Men*, zwei *Avengers Annuals* und zwei Ausgaben von *Avenging Spider-Man* in Szene. Von 2015 bis 2020 sind auch einige Cover für DC entstanden.

X-FORCE

SEX + GEWALT

BONUSTEIL

- HINTER DEN KULISSEN
- TIMELINE
- WEITERE LEKTÜRE
- ANMERKUNGEN
- WEITERE MUST-HAVE-TITEL

X-Force wurde 1991 unter der Leitung des Kreativteams **Fabian Nicieza** und **Rob Liefeld** ins Leben gerufen. Sie trugen dazu bei, eine Ära gewalttätiger, actionorientierter Comics einzuläuten, denn X-Force waren Helden, die nicht darauf warteten, dass die Schurken zuschlugen. Im Jahr 2008 entstand eine neue Inkarnation ...

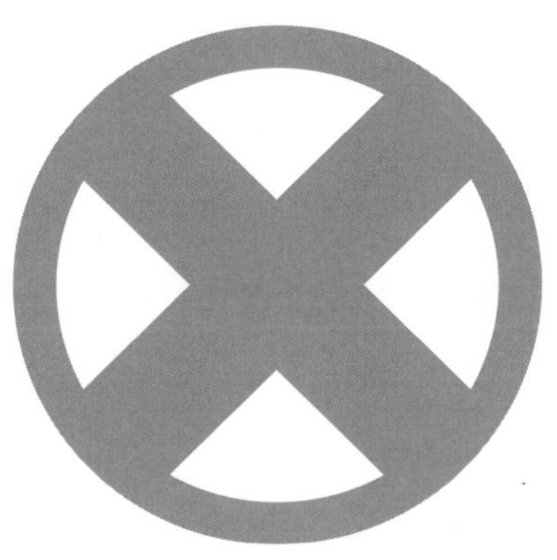

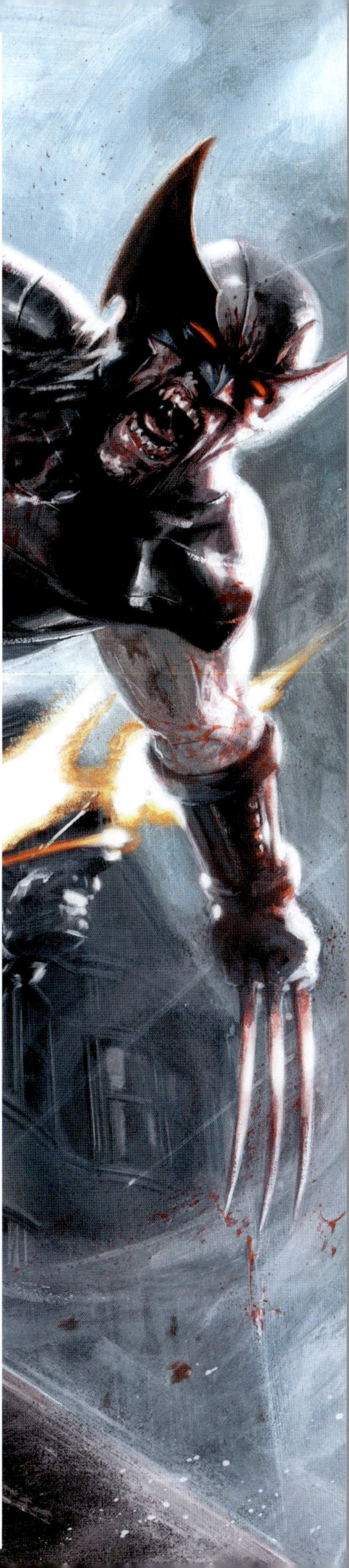

Liebe und Lügen

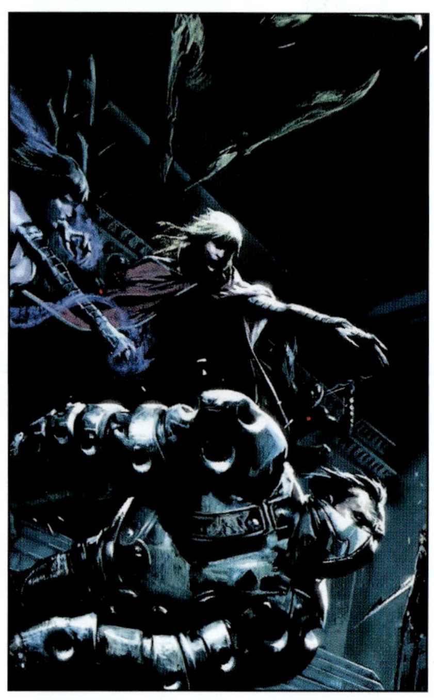

Belladonna, die Anführerin der Mördergilde von New Orleans. Zeichnung von Gabriele Dell'Otto.

Diese Version von **X-Force** wurde von einer unerwarteten Figur gegründet – **Cyclops**. Im Jahr 2010, am Ende ihrer Arbeit für die Serie, diskutierten die beiden Autoren **Christopher Yost** und **Craig Kyle** über **Scott Summers'** Entscheidung, mit **Wolverine** zusammenzuarbeiten und ein Team von Mutanten-Attentätern zu gründen. „Ich glaube nicht, dass er die richtige Entscheidung getroffen hat", sagte Yost. „Moralisch gesehen denke ich, dass man als Superheld, der mit **Captain America** und Co. herumhängt, seinen Männern nicht befehlen sollte, Leute zu ermorden – selbst wenn sie einen zuerst angreifen. Aber wenn die Situation für sie so verzweifelt war, dass er wirklich keine andere Möglichkeit sah, dann ist das eine schwierige Situation. Aber ich glaube, das wird ein Nachspiel haben."

Kyle hatte eine andere Sichtweise: „Ich bin auf der Seite von Cyclops. Wenn ich mir die Geschichte der **X-Men** und der Mutanten anschaue – und wenn ich weiß, hinter wem sie her waren –, dann sage ich: **** auf diese Vögel. Ich denke, die Typen haben es verdient, und es ist an der Zeit, dass sie erfahren, wie es ist, wenn man selbst zur Zielscheibe wird. Also, wenn ich das auf die Situation übertrage, denn sonst empfinde ich nicht so.

„Ich denke, dass wir idealerweise das überzeugendste Argument für beide Seiten zeigen wollen, sonst macht es dem Publikum nicht wirklich Spaß. Es sollte eine Debatte geben, und beide Seiten müssen auf irgendeiner Ebene recht haben. Auch wenn ich persönlich der Meinung bin, dass Cyclops das Richtige getan hat, hoffe ich, dass die Leser hin- und hergerissen sind und einige meinen, dass er im Unrecht war und andere, dass er recht hatte, denn das macht eine gute Geschichte aus."

Yost fügte hinzu: „Wenn ich in dieser Position wäre – wenn ich die X-Men anführen würde –, würde ich das auf jeden Fall tun. Wenn ich der Überzeugung bin, dass mich jemand umbringen will, dann würde ich ihn auf jeden Fall töten. Aber ich glaube, dass für sie als Superhelden ein

▶ Gabriele Dell'Otto wurde in Italien geboren. Seine erste Arbeit mit US-Comics war 2004 die von **Brian Michael Bendis** verfasste Marvel-Miniserie *Secret War*. Zu seinen Einflüssen zählen **John Buscema**, **Jack Kirby** und **Barry Windsor-Smith**. „Als ich klein war, war mein Vater ein großer Fan von **Moebius**, und ich wurde auch einer", erklärte er. „Ich denke, mein Stil ist eine Art Kreuzung aus all diesen Einflüssen." Er ist auch einer der gefragtesten Cover-Künstler bei Marvel.

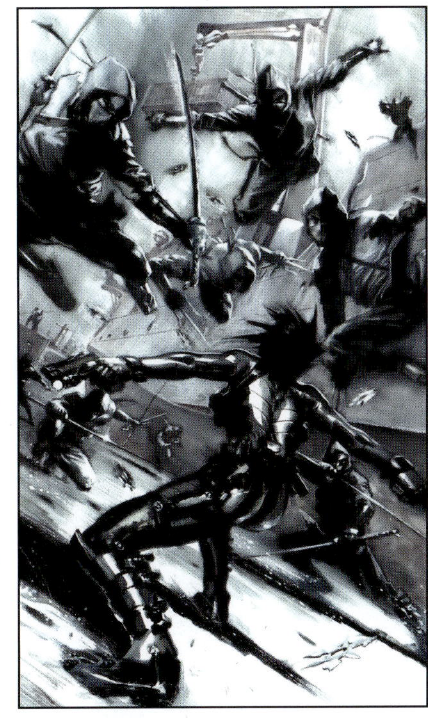

Domino legt sich mit Ninjas der **Hand** an, des berüchtigten Assassinenkults. Zeichnung von Gabriele Dell'Otto.

anderer Maßstab gilt. Ehrlich gesagt hat diese Frage die Arbeit an dem Projekt noch spannender gemacht, weil sie so sehr dem widersprach, was man von einem Superhelden erwarten würde. Und es zeigte, wie verzweifelt die Situation war."

Der langjährige X-Man **Gambit** war überraschenderweise nicht in der *Sex and Violence*-Story vertreten, obwohl er der Ex-Mann von **Belladonna** ist. „Gambit ist mit Belladonna liiert, aber sie gehört zur Mörder- und er zur Diebesgilde, und sie gehen nicht immer Hand in Hand", so Yost.

Kyle fügte hinzu: „Wir haben eine Menge Figuren von verschiedenen Orten geholt, und obwohl wir ihn hätten einbauen können, hatten wir das Gefühl, dass es eine Figur zu viel für die Geschichte gewesen wäre, die wir erzählen wollten. Außerdem wollte **Gabriele Dell'Otto**

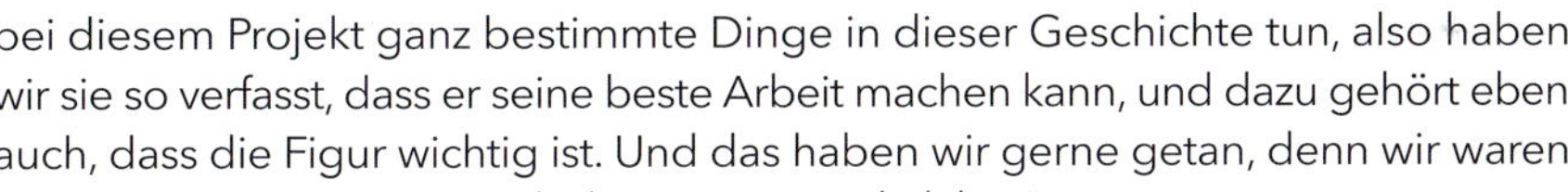

bei diesem Projekt ganz bestimmte Dinge in dieser Geschichte tun, also haben wir sie so verfasst, dass er seine beste Arbeit machen kann, und dazu gehört eben auch, dass die Figur wichtig ist. Und das haben wir gerne getan, denn wir waren sehr zufrieden damit, wie sich die Story entwickelt hat."

In Anbetracht des Titels haben einige Leser einen expliziteren sexuellen Inhalt der Geschichte erwartet. Kyle erklärte: „Ich glaube, das ist das einzig Negative, was wir gehört haben – die Leute hätten sich mehr nackte Haut gewünscht, aber ... na ja. Wir hätten in Richtung der MAX-Sachen gehen können, aber ich denke, es gibt einen geschmackvollen Weg, die Dinge sinnlich und sexy zu gestalten, der auch Spaß macht. Ich weiß nicht, ob es nötig gewesen wäre, die Figuren vollkommen auszuziehen und beim Sex zu zeigen, um das Ziel zu erreichen.

„Ich persönlich habe das Gefühl, dass wir den Leuten, die mehr von uns lesen wollten, auch etwas Ordentliches geliefert haben. Denn wir hatten nie eine explizite Serie im Sinn. Damit manche Leser zufrieden gewesen wären, hätten wir die meisten Fans der Reihe vergraulen müssen, und das war nie unsere Absicht. Wir wollten, dass die Fans, die unser *X-Force* und unsere anderen Titel mochten, die Geschichte genießen, und wir haben nicht versucht, mit der Reihe ein neues Publikum zu erschließen."

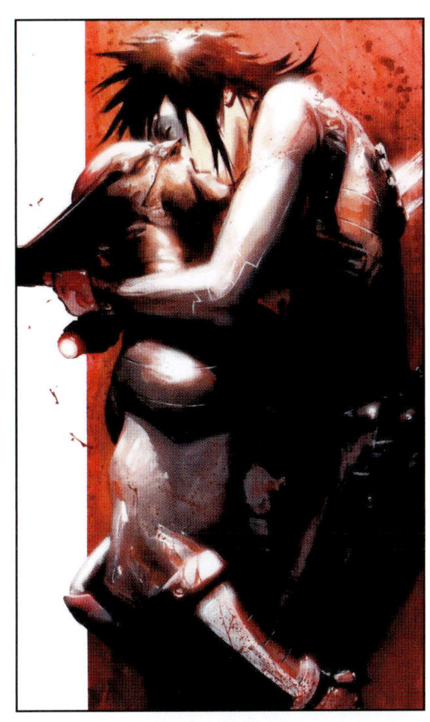

Wolverine und Domino entspannen sich nach einem Kampf. Zeichnung von Gabriele Dell'Otto.

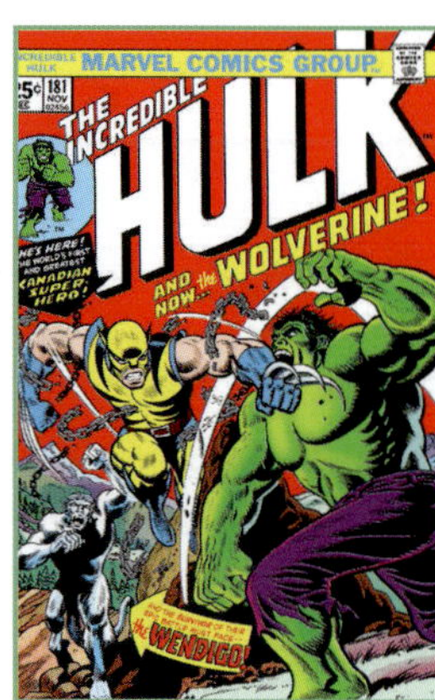

***The Incredible Hulk* 181 (1974)**
LEN WEIN
HERB TRIMPE
Wolverine hat seinen ersten großen Auftritt, als er gegen den ***Hulk*** *und* ***Wendigo*** *kämpft.*

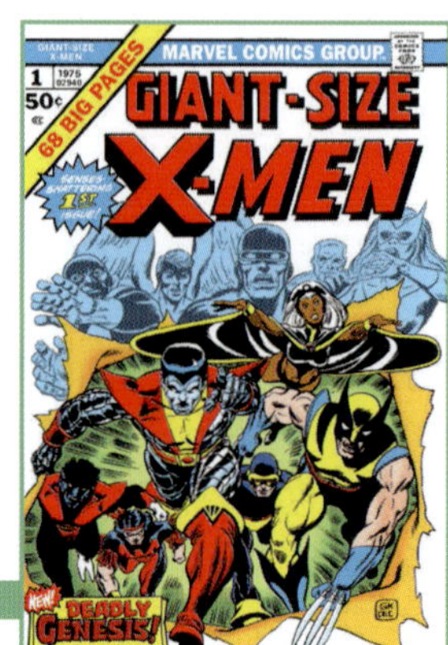

***Giant-Size X-Men* 1 (1975)**
LEN WEIN
DAVE COCKRUM
Wolverine wird von ***Charles Xavier*** *als Teil der zweiten Generation der* ***X-Men*** *rekrutiert.*

X-FORCE
SEX + GEWALT

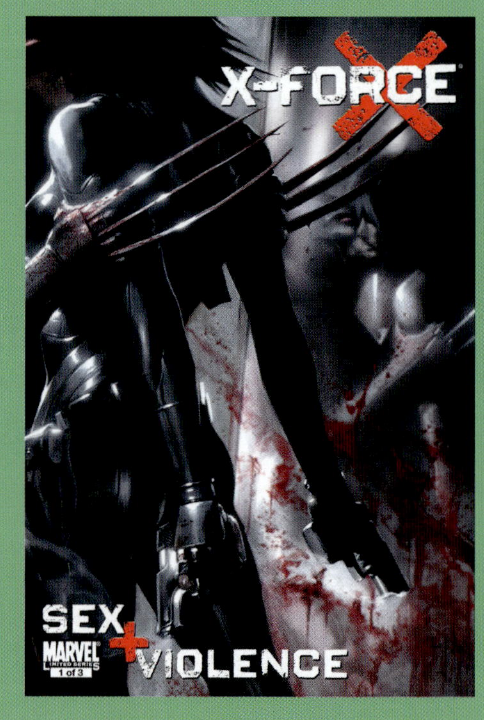

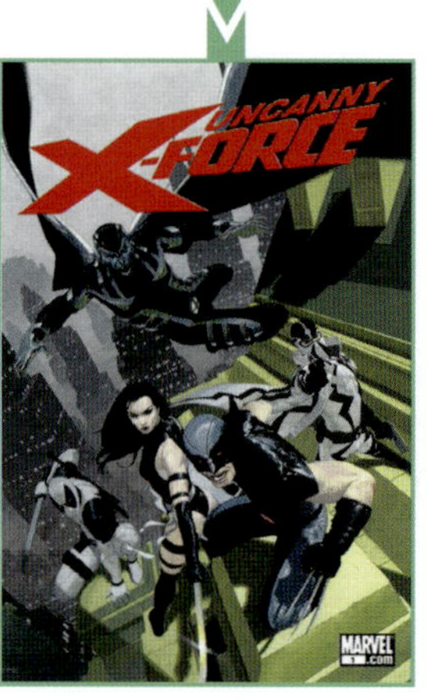

***Uncanny X-Force* 1 (2010)**
RICK REMENDER
JEROME OPEÑA
Cyclops befiehlt Wolverine, X-Force aufzulösen, doch Wolverine stellt heimlich ein neues Team zusammen.

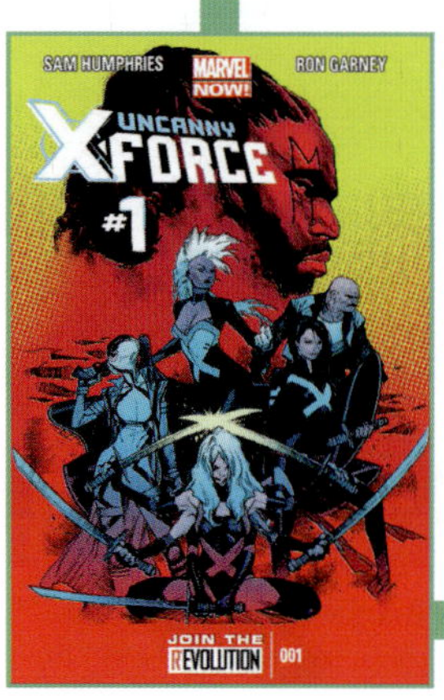

***Uncanny X-Force* 1 (2013)**
SAM HUMPHRIES
RON GARNEY
Storm *und* ***Psylocke*** *bilden eine neue X-Force-Truppe mit* ***Puck****,* ***Spiral*** *und der mysteriösen* ***Cluster****.*

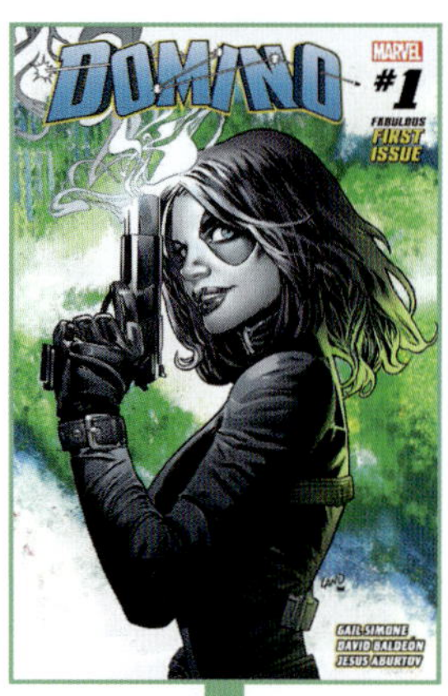

***Domino* 1 (2018)**
GAIL SIMONE
DAVID BALDEÓN
Dominos Kräfte lassen sie im Stich, als sie an ihrem Geburtstag von ***Topaz*** *angegriffen wird.*

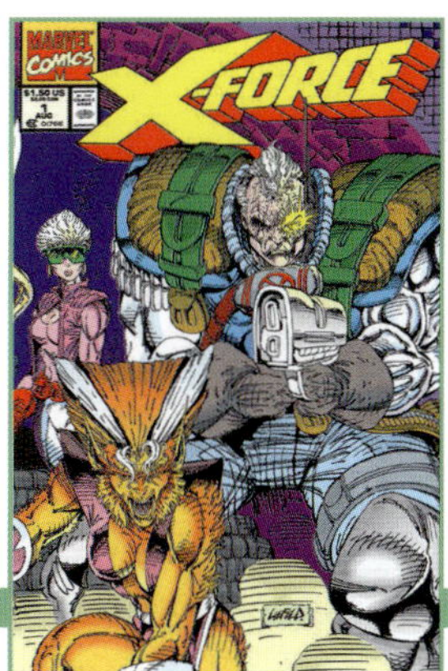

***X-Force* 1**
(1991)
FABIAN NICIEZA
ROB LIEFELD
*Die erste Inkarnation von **X-Force** entsteht, als **Cable** die **New Mutants** zu einem neuen Team macht.*

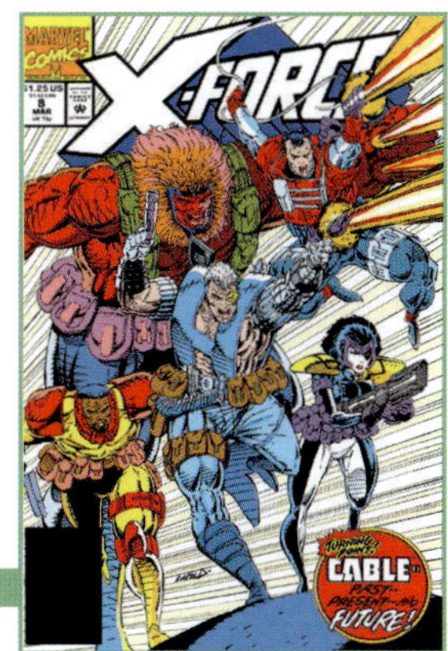

***X-Force* 8**
(1992)
FABIAN NICIEZA
MIKE MIGNOLA
ROB LIEFELD
*Domino hat ihren ersten Auftritt als Mitglied von Cables früherer Gruppe **Wild Pack**.*

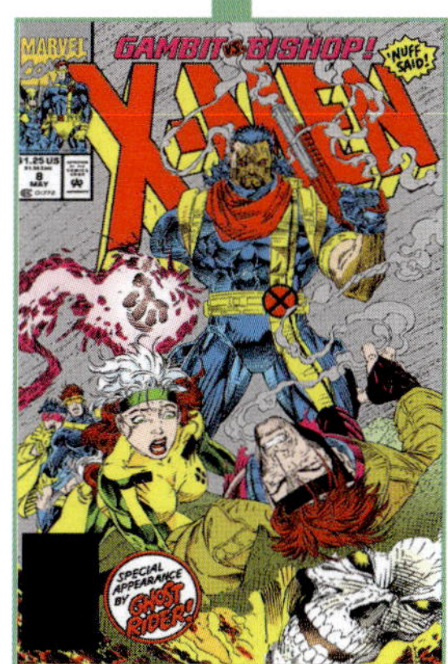

***X-Men* 8**
(1992)
SCOTT LOBDELL
JIM LEE
***Gambits** Frau **Belladonna** taucht auf. Die X-Men erfahren von den Diebes- und Mördergilden von New Orleans.*

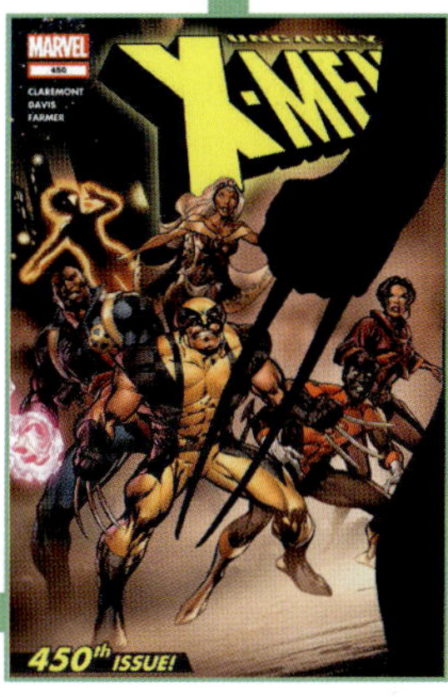

***Uncanny X-Men* 450**
(2004)
CHRIS CLAREMONT
ALAN DAVIS
*Wolverine und die X-Men treffen zum ersten Mal auf **X-23**, den weiblichen Klon von Wolverine.*

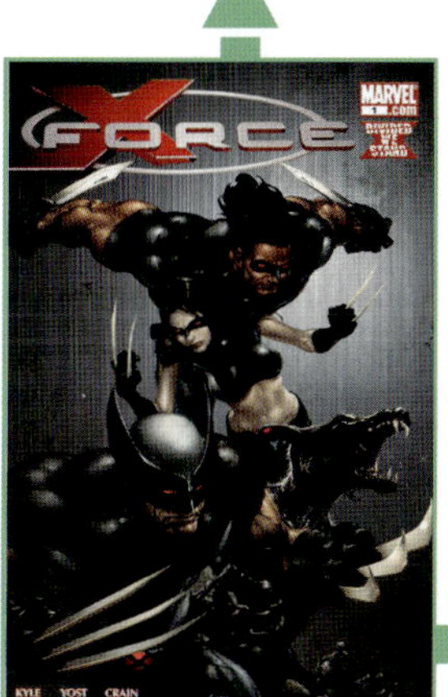

***X-Force* 1**
(2008)
CRAIG KYLE
CHRISTOPHER YOST
CLAYTON CRAIN
***Cyclops** beauftragt Wolverine, ein Team von Attentätern zu bilden, um jede Bedrohung für die Mutantenwelt zu bekämpfen.*

Wolverine hat in seinem langen Leben mehrere Frauen geliebt: **Rose**, **Mariko** und **Jean Grey** waren vielleicht die, die sein Herz am stärksten berührt haben. Aber Wolverine lebt in einer Welt, in der jeder Tag sein letzter sein könnte, und daher nutzt er jedes Vergnügen, das sich ihm bietet: gutes Essen, gutes Bier und die Gesellschaft vieler schöner Frauen. **Domino** und Wolverine sind ein Paar, aber sie sind nicht verliebt. Ihre Partnerschaft in diesem Abenteuer ist unbeschwert, auch wenn sie im Blut ihrer Feinde waten.

Das dunkelste Geheimnis der X-Men

Die zweite Generation von **X-Force** wurde im Rahmen von *Messiah Complex* gegründet, einer Crossover-Story, die durch alle X-Titel lief. Um das erste Mutantenbaby, das seit über einem Jahr geboren wurde, zu schützen, stellte **Cyclops** mit **Wolverine** ein Team zusammen, das Grenzen überschreiten sollte, die die **X-Men** nicht überschreiten konnten, wie z. B. Mordmissionen. Das Baby (namens **Hope**) wurde gerettet, als **Cable** es in die Zukunft mitnahm. Wolverine war überrascht, als Cyclops verkündete, er wolle X-Force weiterführen. Wolverine, **Warpath**, **Wolfsbane**, **Archangel** und **X-23** wurden ausgesandt, um die **Purifiers**, eine religiöse Sekte, die gegen Mutanten kämpft, zu vernichten und sie daran zu hindern, **Bastion**, einen tödlichen Sentinel aus der Zukunft, nachzubauen. Diese Geschichte erschien in *X-Force* 1-6 (2008) von **Craig Kyle**, **Christopher Yost** und **Clayton Crain**.

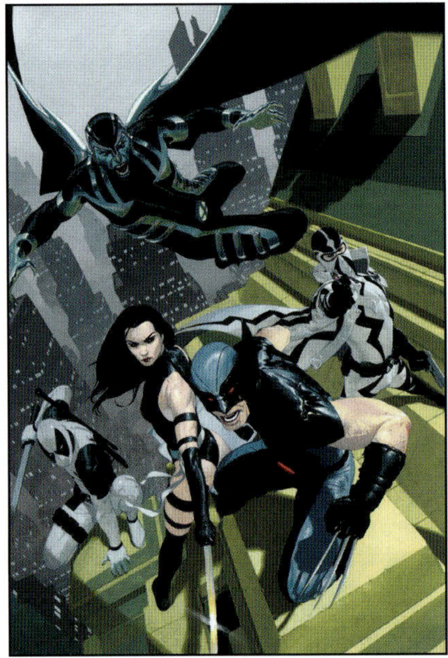

Die dritte Inkarnation von X-Force wurde heimlich von Wolverine gegründet. Zeichnung von **Esad Ribić**.

Die Fortsetzung von *Messiah Complex* erschien 2010. Die Crossover-Saga *Second Coming* zeigte Cable und Hope (inzwischen ein Teenager) bei ihrer Rückkehr in die Gegenwart. Sie wurden sofort von Bastions Truppen angegriffen. Nach einem erbitterten Kampf, bei dem mehrere Mutanten verletzt und getötet wurden, konnte Bastion vernichtet werden. Die Mutanten hatten nun endlich eine Überlebenschance. Cyclops erklärte Wolverine, dass X-Force endlich aufgelöst werden könne. Wolverine war damit jedoch nicht einverstanden und gründete heimlich ein neues Team.

In *Uncanny X-Force* 1-4 (2010) von **Rick Remender** und **Jerome Opeña** reist Wolverines neues X-Force-Team, zu dem jetzt auch **Deadpool**, **Psylocke** und **Fantomex** gehören, zum Mond, um die Wiedergeburt von **Apocalypse** zu verhindern. Sie erfahren, dass der neue Apocalypse nur ein Junge ist. Archangel will ihn töten, aber Psylocke beschützt das Kind. Archangel gewinnt die Oberhand, aber er kann den Todesstoß nicht ausführen. Zum Entsetzen aller erschießt Fantomex den Jungen einfach.

▶ *Uncanny X-Force* 1-4 (2013) von **Sam Humphries** und **Ron Garney** stellte ein neues Team unter der Führung von **Storm** und Psylocke vor. Sie werden von dem kanadischen Helden **Puck** in eine schäbige Bar gerufen. Er hat entdeckt, dass der gefährliche sechsarmige Krieger **Spiral** dort aktiv ist und Drogen verkauft. **Bishop** kehrt aus der Zukunft zurück, was zu einem Kampf um ein junges Mutantenmädchen namens **Ginny** führt. Auch Fantomex und sein weiblicher Klon **Cluster** schließen sich dem Team an.

Domino

Neena Thurman wurde von Kindesbeinen an als Versuchskaninchen des Projekts Armageddon aufgezogen, einem streng geheimen Zuchtprogramm der Regierung, das die Entwicklung der perfekten Waffe zum Ziel hatte. Neenas Gesicht wurde mit einer schwarzen Tätowierung versehen. Sie war die einzige Versuchsperson, die überlebte. Ihre leibliche Mutter holte sie aus dem Projekt heraus und ließ sie bei Pater **Rudolpho Boschelli** in der Church of the Sacred Heart in Chicago.

Als junge Erwachsene wurde Neena Mitglied der National Security Agency. Sie wurde zur Bewachung von **Milo Thurman** abgestellt, einem brillanten Wunderkind, das das Weltgeschehen vorhersagen konnte. Er gab ihr den Spitznamen „Domino", als er erkannte, dass ihre Kräfte dafür sorgten, dass sie vom Glück begünstigt wird. Neena und Milo verliebten sich ineinander.

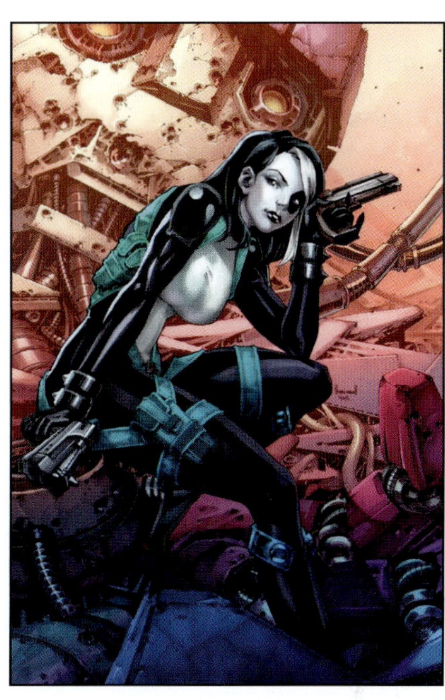

Domino ist in internationalen Söldnerkreisen eine angesehene Agentin. Zeichnung von **Kael Ngu**.

Domino wurde Söldnerin und begegnete **Cable**, als sie sich **Wild Pack** anschloss. Sie wurde entführt und eine Zeit lang heimlich durch die Gestaltwandlerin **Copycat** ersetzt.

Domino hat die Mutantenkraft, unbewusst eine psionische Aura zu erzeugen, die die Wahrscheinlichkeiten von Ereignissen und Handlungen verändert. Die Aura bewirkt unwahrscheinliche (aber nicht unmögliche) Ergebnisse, die für sie persönlich von Vorteil sind. Die Auswirkungen dieser unterschwelligen Telekinese werden als „Glück" für Domino und „Pech" für ihre Gegner beobachtet. Die Aura wird automatisch ausgelöst, wenn Domino potenziell Schaden und Gefahr drohen oder persönlicher Nutzen winkt. Bei jeder Aktion, die durch ihre Kraft beeinflusst werden kann, sendet Dominos Großhirnrinde bioelektrische Impulse aus, die ihre Bewegungen steuern und ihre Reflexe und Beweglichkeit auf ein fast übermenschliches Niveau steigern.

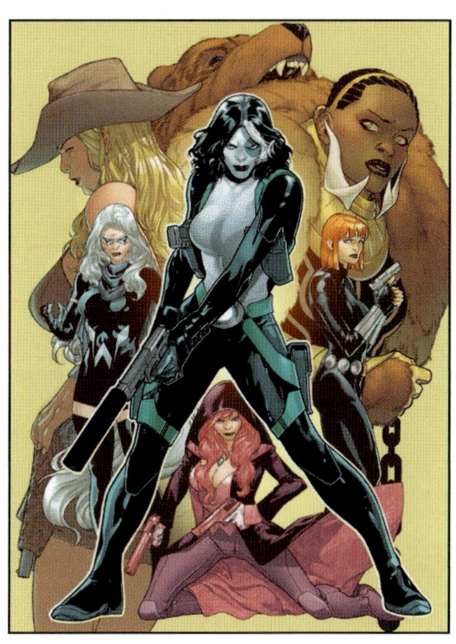

Domino hat mit vielen der besten Spione und Söldner der Welt zusammengearbeitet. Zeichnung von **R. B. Silva**.

Domino ist eine hochqualifizierte Waffenexpertin und Scharfschützin, eine hervorragende Athletin und Schwimmerin, Kampfsportlerin und Nahkämpferin sowie eine versierte Linguistin.

WEITERE MUST-HAVE-TITEL

BEREITS ERHÄLTLICH

CIVIL WAR
AVENGERS: HELDENFALL
SPIDER-MAN: SPIDER-VERSE
WOLVERINE: OLD MAN LOGAN
DEADPOOL KILLT DAS MARVEL-UNIVERSUM
THANOS: DIE GEBURT EINES MONSTERS
DAREDEVIL: DER MANN OHNE FURCHT
MILES MORALES: ULTIMATE SPIDER-MAN
MS. MARVEL: META-MORPHOSE
DER TOD VON WOLVERINE
INFINITY GAUNTLET: DIE EWIGE FEHDE
PLANET HULK
X-MEN: DIE DARK PHOENIX SAGA
VENOM: DARK ORIGIN
IRON MAN: EXTREMIS
FANTASTIC FOUR - 4
PUNISHER: FRANK IST ZURÜCK!
MARVEL KNIGHTS SPIDER-MAN
BLACK PANTHER: WER IST BLACK PANTHER?
X-MEN: EIN NEUER ANFANG
FANTASTIC FOUR: ALLES GELÖST?!
SPIDER-MAN: HEIMKEHR
CAPTAIN AMERICA: WINTER SOLDIER
ASTONISHING X-MEN: BEGABT
SPIDER-MAN: KRAVENS LETZTE JAGD
HOUSE OF M

DEADPOOL: WEIBER, WUMMEN UND WADE WILSON
AVENGERS: AUSBRUCH
ULTIMATE SPIDER-MAN: LEKTIONEN FÜRS LEBEN
DER TOD VON CAPTAIN AMERICA
ANNIHILATION
MARVELS
DAREDEVIL: AUFERSTEHUNG
GUARDIANS OF THE GALAXY: SPACE-AVENGERS
AVENGERS PRIME
WOLVERINE: STAATSFEIND
THE SIEGE - DIE BELAGERUNG
SPIDER-MAN/BLACK CAT
DAREDEVIL: IN DEN ARMEN DES TEUFELS
THOR: DIE RÜCKKEHR DES DONNERS
SECRET INVASION
UNCANNY AVENGERS: DER ROTE SCHATTEN
WOLVERINE: WAFFE X
MARVEL ZOMBIES
DOCTOR STRANGE: DER EID
SILVER SURFER: REQUIEM
X-MEN: BEDROHTE SPEZIES
FEAR ITSELF - NACKTE ANGST
THOR: AUF DER SUCHE NACH GÖTTERN
WORLD WAR HULK
SPIDER-MAN: QUALEN
WOLVERINE
NEW AVENGERS: ILLUMINATI
SECRET WAR
THANOS KEHRT ZURÜCK
GHOST RIDER: STRASSE ZUR VERDAMMNIS
AVENGERS: ULTRONS RACHE
DEADPOOL: DREI GLORREICHE HALUNKEN

SPIDER-MAN: ERSTAUNLICHER NEUSTART
AVENGERS FOREVER
X-MEN: SCHISMA - GETRENNTE WEGE
SUB-MARINER: DIE TIEFE
AGE OF ULTRON
SECRET WARS
HULK: GRAU
NEW MUTANTS: HÖLLENBIEST
X-MEN: MAGNETO - TESTAMENT
SILVER SURFER: PARABEL
IRON MAN: DIE FÜNF ALBTRÄUME
CAPTAIN AMERICA: NEUE GEGNER
THOR: GOTT DES DONNERS - GÖTTERSCHLÄCHTER
MARVEL SUPER HEROES SECRET WARS
GUARDIANS OF THE GALAXY: KRIEGER DES ALLS
HULK: DYSTOPIA
SPIDER-MAN NOIR
DEADPOOL: DIE WETTE
DAREDEVIL & ECHO: TEILE DER LEERE
DOCTOR STRANGE: ANFANG UND ENDE
DAREDEVIL: FATHER
SPIDER-MAN: FAMILIENTRADITION
AVENGERS: ROTE ZONE
X-MEN: ZUKUNFT IST VERGANGENHEIT
SPIDER-MAN: BLUE
PUNISHER: BLUTSPUR
THANOS: HERRSCHER DES UNIVERSUMS
VENOM: NETZ DES TODES

JETZT ERHÄLTLICH

X-FORCE: SEX + GEWALT
MARVEL 1602

DEMNÄCHST

MYTHOS
CIVIL WAR II